№ 1. Deutsche Reichsgesetzgebung. № 1.
Text-Ausgabe mit Anmerkungen.

Verfassung

des

Deutschen Reichs.

(Gegeben Berlin, den 16. April 1871.)

Text-Ausgabe mit Ergänzungen, Anmerkungen und Sachregister

von

Dr. L. von Rönne.

Fünfte vermehrte Auflage.

Berlin und **Leipzig.**
Verlag von J. Guttentag
(D. Collin.)
1886.

Vorbemerkung.

Die fünfte Auflage der „Verfassung des Deutschen Reichs" enthält, gleich den früheren, in ihrer Einleitung die gedrängte Darstellung der Entstehungsgeschichte des Reichsgrundgesetzes. Hieran schließen sich unter I. das Gesetz vom 16. April 1871, betreffend die Verfassung des Deutschen Reichs (das sogenannte Einführungsgesetz) und unter II. die Verfassung selbst. Zu dem Einführungsgesetze sind, in den Anlagen I. bis VIII., die in demselben in Bezug genommenen Vertragsbestimmungen und das Gesetz vom 22. April 1871, betreffend die Einführung Norddeutscher Bundesgesetze in Bayern, vollständig mitgetheilt. Zum Texte der Verfassung sind die dieselbe ergänzenden, beziehungsweise erläuternden Reichsgesetze bei den betreffenden Artikeln gleichfalls ihrem vollständigen Wortlaute nach, die in der Schlußbestimmung zum Abschn. IX. in Bezug genommenen Bestimmungen des Bündnißvertrages mit Bayern vom 23. November 1870 unter III. § 5 und der Militairkonvention mit Württemberg vom 21./25. November 1870 dagegen in den Anlagen X. und XI. gegeben. Außerdem sind zu jedem Artikel die darauf gegründeten, bis jetzt ergangenen Bundes-, beziehungsweise Reichsgesetze, und die auf dieselben bezüglichen durch das Centralblatt für das Deutsche Reich veröffentlichten Ausführungserlasse in systematischer Anreihung an die Bestimmungen der Verfassung angegeben. Die auf Grund des Art. 4 Nr. 13 der Reichsverfassung bis jetzt erlassenen Bundes-, beziehungsweise Reichsgesetze sind in einer besonderen Uebersicht (Anlage IX.) zusammengestellt. Insbesondere hat auch die das Reichsland Elsaß-Lothringen betreffende Reichsgesetzgebung vollständige Berücksichtigung gefunden. Uebrigens möge hier noch darauf hingewiesen werden, daß das jetzt vollendete ausgezeichnete Werk: „Die Gesetzgebung des Deutschen Reiches von der Gründung des Norddeutschen Bundes bis auf die Gegenwart" den vollständigen Abdruck sämmtlicher Reichsgesetze mit allen zu denselben erlassenen Ausführungsbestimmungen und amtlichen Erläuterungen enthält.

Abkürzungen.

Abs. = Absatz.
ad v. = ad vocem.
Art. = Artikel.
BG. = Bundesgesetz.
BGB. = Bundesgesetzblatt.
D. R. = Deutsches Reich.
G. = Gesetz.
G.B. f. Els.-Lothr. = Gesetzblatt für Elsaß-Lothringen.
Guttentag's Gesetzgebung = Die Gesetzgebung des Deutschen Reiches von der Gründung des Nordd. Bundes bis auf die Gegenwart. Berlin und Leipzig, Verlag von J. Guttentag (D. Collin).
Pr. GS. = Preußische Gesetzsammlung.
Prot. = Protokoll.
RCB. = Centralblatt für das Deutsche Reich.
RG. = Reichsgesetz.
RGB. = Reichsgesetzblatt.
Reichsverf. = Reichsverfassung.
V. = Verordnung.
Vertr. = Vertrag.

Zur Geschichte
der
Verfassung des Deutschen Reiches.

(Vgl. die Einleitung zu v. Rönne's Staatsrecht des Deutschen Reiches. Zweite Auflage. Leipzig, 1876.)

In dem Friedenstraktate von Preßburg v. 26. Dez. 1805 hatte Oesterreich die neu geschaffenen Königskronen von Bayern und Württemberg und die volle Souverainetät dieser Staaten, sowie Badens anerkannt. Am 17. Juli 1806 unterzeichneten in Paris die Gesandten von sechszehn deutschen Fürsten die Rheinbundsakte v. 12. Juli 1806 und sagten sich förmlich vom Deutschen Reiche los. Am 6. Aug. 1806 legte Kaiser Franz II. die Römisch-Deutsche Kaiserkrone nieder und erklärte das reichsoberhauptliche Amt und Würde für erloschen. In dem Passauer Friedenstraktate v. 11. Dez. 1806 trat Sachsen dem Rheinbunde bei; die übrigen kleineren Norddeutschen Staaten wurden gleichfalls Mitglieder desselben. Durch Dekret Napoleons v. 7. Dez. 1807 wurde auch das neu geschaffene Königreich Westphalen für einen Bestandtheil des Rheinbundes erklärt, welcher nun alle Deutsche Staaten, mit Ausnahme von Oesterreich, Preußen, Schwedisch-Pommern und Holstein, umfaßte. Derselbe löste sich indeß in Folge des zwischen Preußen und Rußland am 28. Febr. 1813 zu Kalisch geschlossenen Bündnisses stillschweigend wieder auf.

In dem Art. 6 des Pariser Friedensvertrages v. 30. Mai 1814 wurde festgesetzt, „daß die Staaten Deutschlands unabhängig und durch ein föderatives Band vereinigt sein sollten." Obgleich in dem Aufrufe von Kalisch v. 13. (25.) März 1813 im Namen der Herrscher von Rußland und Preußen den Deutschen die „Wiedergeburt ihres ehrwürdigen Reiches" feierlich verheißen war, so erfolgte diese doch keineswegs. Auf dem am 1. Nov. 1814 zu Wien eröffneten Kongresse kam vielmehr nur die Deutsche Bundesakte v. 8. Juni 1815 zu Stande, und in Folge der weiteren zu Wien gehaltenen Ministerialkonferenzen die sogn. Wiener Schlußakte v. 15. Mai 1820, welche durch Beschluß der Bundesversammlung v. 8. Juni 1820 als ein „der Bundesakte an Kraft und Gültigkeit gleiches Grundgesetz" anerkannt wurde.

Der in Folge der Märzereignisse des Jahres 1848 unternommene Versuch, den Deutschen Staatenbund in einen Bundesstaat umzuwandeln, blieb erfolglos. Die Bundesversammlung ordnete durch den Beschluß v. 7. April 1848 die Wahlen zur „Deutschen Nationalversammlung" an. Die von dieser unterm 28. März 1849 beschlossene „Verfassung des Deutschen Reiches" (Reichs-Gesetzbl. v. 28. April 1849) konnte indeß nicht in's Leben treten, da der von der Deutschen Nationalversammlung in Frankfurt a. M. zum erblichen Kaiser erwählte König von Preußen die ihm angebotene Deutsche Kaiserwürde ablehnte.

Die nunmehr von den Regierungen der Deutschen Staaten unternommenen Versuche, auf dem Wege der Vereinbarung der Einzelstaaten einen Deutschen Bundesstaat zu begründen, blieben gleichfalls ohne Resultat und endeten mit der „Reaktivirung der Bundesversammlung" und der vollständigen Restauration der Bundesverfassung von 1815.

Auch der im Jahre 1863 von Oesterreich gemachte Versuch, eine Reform des Deutschen Bundes herbeizuführen, hatte keinen Erfolg.

Die Entwickelung des Schleswig-Holsteinischen Konfliktes führte nunmehr zum offenen Bruche zwischen Oesterreich und Preußen. Nachdem die Majorität der Bundesversammlung in der Sitzung v. 14. Juni 1866 gegen den Protest Preußens den Antrag Oesterreichs auf „Mobilmachung sämmtlicher nicht Preußischer Bundesarmeekorps" angenommen hatte, erklärte der Preußische Bundestagsgesandte im Namen und auf Befehl des Königs, „daß Preußen durch den gedachten Beschluß den bisherigen Bundesvertrag für gebrochen und deshalb nicht mehr verbindlich ansehe, denselben vielmehr als erloschen betrachten und behandeln werde." Gleichzeitig erklärte jedoch der Preußische Gesandte, „daß der König mit dem Erlöschen des bisherigen Bundes keineswegs die nationalen Grundlagen, auf denen der Bund aufgebaut gewesen, als zerstört betrachten wolle, sondern

1*

daß Preußen an diesen Grundlagen und an der über die vorübergehenden Formen erhabenen Einheit der Deutschen Nation festhalte und es als eine unabweisliche Pflicht der Deutschen Staaten ansehe, für die letzteren den entsprechenden Ausdruck zu finden." Mit dieser Erklärung legte die Preußische Regierung ihrerseits die „Grundzüge einer neuen, den Zeitverhältnissen entsprechenden Einigung v. 10. Juni 1866" vor, indem sie sich bereit erklärte, „auf den alten, durch eine solche Reform modifizirten Grundlagen einen neuen Bund mit denjenigen Deutschen Regierungen zu schließen, welche hierzu die Hand reichen wollten."

Der Sieg Preußens über Oesterreich und die mit diesem verbündeten Deutschen Staaten führte dahin, daß der Kaiser von Oesterreich im Art. 2 der Friedenspräliminarien von Nikolsburg v. 26. Juli 1866 und demnächst im Art. 4 des Friedensvertrages von Prag v. 23. August 1866 die „Auflösung des Deutschen Bundes" anerkannte und seine Zustimmung zu einer Gestaltung Deutschlands ohne Betheiligung des Oesterreichischen Kaiserstaates ertheilte, indem er zugleich versprach, „das engere Bundesverhältniß anzuerkennen, welches der König von Preußen nördlich von der Mainlinie begründen werde," und sich damit einverstanden erklärte, „daß die südlich von dieser Linie gelegenen Deutschen Staaten in einen Verein treten, dessen nationale Verbindung mit dem Norddeutschen Bunde der näheren Verständigung vorbehalten bleibe und der eine internationale und unabhängige Existenz haben werde."

An Stelle des bisherigen „Deutschen Bundes“ trat nunmehr zunächst der neu errichtete „Norddeutsche Bund“. Preußen, welches das Königreich Hannover, das Kurfürstenthum Hessen, das Herzogthum Nassau, die Herzogthümer Schleswig und Holstein, die freie Stadt Frankfurt und die ihm von Bayern und dem Großherzogthume Hessen abgetretenen Gebietstheile der Preußischen Monarchie einverleibte, hatte mit Sachsen-Weimar, Oldenburg, Braunschweig, Sachsen-Altenburg, Sachsen-Koburg-Gotha, Anhalt, Schwarzburg-Sondershausen, Schwarzburg-Rudolstadt, Waldeck, Reuß jüngere Linie, Schaumburg-Lippe, Lippe, Lübeck, Bremen und Hamburg unterm 18. August 1866 einen Bündnißvertrag (Pr. GS. 1866 S. 626) errichtet, welchem Mecklenburg-Schwerin und Mecklenburg-Strelitz mittelst Vertrages v. 21. Aug. 1866 (a. a. O. S. 631) beigetreten waren und in welchem vereinbart war, daß auf der Basis der Grundzüge v. 10. Juni 1866, unter Mitwirkung eines gemeinschaftlich zu berufenden Parlamentes, eine Bundesverfassung festgestellt werden solle. Diesem Bündnißvertrage traten in den mit ihnen abgeschlossenen Friedensverträgen die Regierung des Großherzogthums Hessen für ihre nördlich des Mains gelegenen Gebietstheile, die Regierungen von Sachsen-Meiningen und Reuß ältere Linie und schließlich der König von Sachsen bei. Zufolge der von den verbündeten Regierungen getroffenen Vereinbarung ergingen in den sämmtlichen betheiligten Staaten im Wesentlichen übereinstimmende Wahlgesetze auf der Grundlage des von der Deutschen Nationalversammlung in Frankfurt beschlossenen Reichswahlgesetzes v. 12. April 1849, und nachdem hiernach am 12. Febr. 1867 die allgemeinen Wahlen stattgefunden hatten, wurde von dem Könige von Preußen mittelst Patents v. 13. Febr. 1867 (Pr. GS. 1867 S. 205) das gewählte Parlament zum 24. Febr. 1867 nach Berlin einberufen. In der Sitzung v. 4. März 1867 wurde demselben der von den verbündeten Regierungen vereinbarte „Entwurf der Verfassung des Norddeutschen Bundes" zur Beschlußnahme vorgelegt. Von dem Reichstage wurde dieser Entwurf in einundvierzig Punkten abgeändert und in dieser veränderten Gestalt mit 230 gegen 53 Stimmen angenommen (Sten.Ber. des konstituirenden Reichtages Bd. 1 S. 729). Die verbündeten Regierungen traten den vom Reichstage beschlossenen Abänderungen bei, und der Präsident der Bundeskommissarien erklärte hierauf in der Sitzung des Reichstages v. 17. April 1867 (Sten.Ber. a. a. O. S. 731) im Auftrage des Königs von Preußen und auf Grund der demselben von den verbündeten Regierungen übertragenen Machtvollkommenheit die Verfassung durch die zum Norddeutschen Bunde verbündeten Regierungen für angenommen.

Nachdem auch die Landesvertretungen der Einzelstaaten des Bundes, beziehungsweise die Bürgerschaften der freien Städte, ihre verfassungsmäßige Zustimmung ertheilt hatten, erfolgte die obrigkeitliche Publikation der Bundesverfassung in sämmtlichen Staaten des Bundes. Durch das Publikandum des Bundespräsidiums v.

26. Juli 1867 (B.G.B. 1867 S. 1) wurde demnächst (unter Abdruck der Bundesverfassung) bekannt gemacht, daß dieselbe, nachdem sie von dem Könige von Preußen und den sämmtlichen übrigen Fürsten der verbündeten Staaten, beziehungsweise von den Senaten der freien Städte, mit dem zu diesem Zwecke berufenen Reichstage vereinbart worden, unterm 25. Juni 1867 verkündet worden sei und am 1. Juli 1867 die Gesetzeskraft erlangt habe. Zugleich erklärte der König von Preußen am Schlusse des Publikandums v. 26. Juli 1867, daß er die ihm durch die Verfassung des Norddeutschen Bundes übertragenen Rechte, Befugnisse und Pflichten für sich und seine Nachfolger an der Krone Preußens übernehme.

Der Art. 79 der Verfassung des Norddeutschen Bundes hatte in Betreff der vier Süddeutschen Staaten nicht allein die Bestimmung getroffen, daß die Beziehungen des Bundes zu denselben durch besondere Verträge zu regeln, sondern auch vorgeschrieben, daß ihr Eintritt in den Nordbund auf den Vorschlag des Bundespräsidiums im Wege der Bundesgesetzgebung erfolgen könne.

Der von Frankreich im Juli 1870 auf Deutschland unternommene Angriff und die in diesem Kriege von den Deutschen Fürsten und Stämmen gemeinsam erkämpften Siege hatte das Deutsche Volk und seine Fürsten mit der Ueberzeugung erfüllt, daß es zwischen dem Norden und Süden Deutschlands eines festeren Bandes bedürfe, als der völkerrechtlichen Verträge, und daß die Zeit gekommen sei für die volle staatliche Vereinigung aller Theile Deutschlands. Dies bestimmte die sämmtlichen Süddeutschen Regierungen, mit dem Norddeutschen Bunde zur Begründung eines „Deutschen Bundes“ in Verhandlungen zu treten. Das Resultat waren: a) die Vereinbarung v. 15. Nov. 1870 zwischen dem Norddeutschen Bunde, Baden und Hessen über Gründung des Deutschen Bundes und Annahme der Bundesverfassung (BGB. 1870 S. 650), b) der Vertrag v. 25. Nov. 1870 zwischen dem Norddeutschen Bunde, Baden und Hessen einerseits und Württemberg andererseits, betr. den Beitritt Württembergs zur Verfassung des Deutschen Bundes (BGB. 1870 S. 654), und c) der Vertrag v. 23. Nov. 1870, betr. den Beitritt Bayerns zur Verfassung des Deutschen Bundes (BGB. 1871 S. 9).

Dem zum 24. Nov. 1870 einberufenen Reichstage des Norddeutschen Bundes wurden nunmehr die gedachten Verträge nebst den dazu gehörigen Protokollen und Anlagen im Namen des Präsidiums des Norddeutschen Bundes und mit dem Bemerken, daß der Bundesrath denselben mit der nach Art. 78 der Bundesverfassung erforderlichen Mehrheit seine Zustimmung ertheilt habe, zu verfassungsmäßiger Genehmigung vorgelegt, welche derselbe ertheilte. (Sten.Ber. des Reichstages des Norddeutschen Bundes v. 5. bis 9. Dez. 1870.)

Der Bundesrath des Norddeutschen Bundes brachte nunmehr, im Einverständnisse mit den Regierungen von Bayern, Württemberg, Baden und Hessen, bei dem Reichstage des Norddeutschen Bundes die „Herstellung der Deutschen Kaiserwürde" in Vorschlag. Mittelst Vorlage des Kanzlers des Norddeutschen Bundes v. 9. Dez. 1870 (Sten.Ber. des Reichstages 1870, Aktenst. Nr. 31 S. 114) wurde beantragt, daß der Deutsche Bund den Namen Deutsches Reich, und der König von Preußen als Bundespräsident den Namen Deutscher Kaiser führen solle. Der Reichstag des Norddeutschen Bundes trat dieser Abänderung der Verfassung am 10. Dez. 1870 (mit 188 gegen 6 Stimmen) bei (Sten.Ber. des Reichstages 1870 Bd. 1 S. 167 ff. u. S. 181 ff.). Die Proklamirung der Herstellung der Kaiserwürde erfolgte durch den König von Preußen zu Versailles am 18. Jan. 1871 und ward an demselben Tage dem Deutschen Volke durch Proklamation v. 18. Jan. 1871 (Königl. Preuß. Staats-Anzeiger v. 18. Jan. 1871 Nr. 19) verkündet.

Nachdem solchergestalt die „Verfassung des Deutschen Reiches" zwischen den gesetzgebenden Faktoren des bisherigen Norddeutschen Bundes und den Regierungen der vier Süddeutschen Staaten auf dem im Art. 79 der Verfassung des bisherigen Norddeutschen Bundes vorgesehenen Wege vereinbart und festgestellt worden war, ertheilten auch die Landesvertretungen der vier Süddeutschen Staaten ihre dazu verfassungsmäßig erforderliche Genehmigung. (Vgl. v. Rönne's Staatsrecht des D. Reiches 2. Aufl. Bd. I S. 21—25.)

Auf Grund der Verordnung des Deutschen Kaisers v. 3. Jan. 1871 (BGB. 1871 S. 7) fanden am 3. März 1871 im ganzen Reiche die Wahlen zum ersten Deutschen

Reichstage nach dem Reichswahlgesetze v. 31. Mai 1869 statt und auf Grund der Kaiserl. Verordn. v. 26. Febr. 1871 (a. a. O. S. 47) trat am 21. März 1871 der erste Deutsche Reichstag in Berlin zum erstenmale zusammen und wurde von dem Kaiser in Person feierlich eröffnet. (Vgl. die Thronrede in den Sten.Ber. des D. Reichstages 1871 S. 2—3.)

Der Gang der Verhandlungen, welche zur Gründung des Deutschen Reiches geführt haben, hatte zur Folge gehabt, daß das Verfassungsrecht des letzteren in drei verschiedenen Urkunden, nämlich in der zwischen dem Norddeutschen Bunde, Baden und Hessen am 15. Nov. 1870 vereinbarten Verfassung, in dem Vertrage zwischen dem Norddeutschen Bunde und Bayern v. 23. Nov. 1870 und in dem Vertrage zwischen dem Norddeutschen Bunde, Baden und Hessen einerseits und Württemberg andererseits v. 25. Nov. 1870, enthalten war. Diese Zerstreuung der Grundlagen, auf welchen der politische Zustand Deutschlands beruhet, erschien als ein Uebelstand und die Zusammenfassung der in den verschiedenen Urkunden enthaltenen Verfassungsbestimmungen in einem einzigen Dokumente als ein Bedürfniß. Außerdem fehlte dem Texte der Verfassung die Konsequenz der Terminologie, weil in demselben die erst nach der Unterzeichnung der drei Urkunden beschlossene Annahme des Namens des „Deutschen Reiches" und der Wiederherstellung der „Deutschen Kaiserwürde" nicht vollständig durchgeführt worden war. Um diesen formellen Mißständen abzuhelfen, wurde dem ersten Deutschen Reichstage unterm

21. März 1871 von dem Bundeskanzler im Namen des Kaisers der „Entwurf eines Gesetzes, betr. die Verfassung des Deutschen Reiches“ (Sten.Ber. des D. Reichstages 1871, Aktenst. Nr. 4) zur verfassungsmäßigen Beschlußnahme vorgelegt, welchem eine anderweitige Redaktion der „Verfassungsurkunde für das Deutsche Reich“ beigefügt wurde. Der Reichstag hat sowohl den neu redigirten Entwurf der Verfassungsurkunde, als auch den Entwurf des Einführungsgesetzes, — unter Ablehnung sämmtlicher Abänderungsanträge, — unverändert angenommen. (Vgl. die Sten.Ber. v. 27. März und v. 1., 3. u. 14. April 1871.) Materielle Aenderungen des Verfassungsrechtes enthält die neue Redaktion nicht, außer einer Bestimmung, welche in den früheren Dokumenten nicht vorkommt, nämlich die Bestimmung im Art. 8, nach welcher der durch den Vertrag v. 23. Nov. 1870 Nr. II. § 6 geschaffene Ausschuß des Bundesrathes für die auswärtigen Angelegenheiten, außer den Bevollmächtigten von Bayern, Sachsen und Württemberg, aus zwei vom Bundesrathe alljährlich zu wählenden Bevollmächtigten anderer Bundesstaaten bestehen soll Nicht aufgenommen sind die auf die Einführung Norddeutscher Gesetze als Bundesgesetze bezüglichen transitorischen Bestimmungen, welche der Art. 80 der mit Baden und Hessen vereinbarten Verfassung, der Vertrag mit Bayern v. 23. Nov. 1870 unter III. § 8, und der Art. 2 Nr. 6 des Vertrages v. 25. Nov. 1870 zwischen dem Norddeutschen Bunde, Baden und Hessen einerseits und Württemberg andererseits enthält, indem diese Be-

stimmungen nicht zum Verfassungsrechte des Reiches gehören, sondern ihre richtige Stelle in dem die Verfassung verkündenden Gesetze finden. Auch die in den Verträgen und Schlußprotokollen enthaltenen Verabredungen, theils vorübergehenden, theils erläuternden, theils administrativen Charakters, haben keine Aufnahme in die neu redigirte Verfassung gefunden; ihre fortdauernde Geltung ist jedoch durch den § 3 des Einführungsgesetzes außer Zweifel gestellt.

Der von dem Bundesrathe und dem Reichstage genehmigte Entwurf des Einführungsgesetzes, nebst der demselben beigefügten Verfassungsurkunde für das Deutsche Reich, haben ihre Sanktion durch das Gesetz v. 16. April 1871, betreffend die Verfassung des Deutschen Reiches (BGB. 1871 S. 63 Nr. 628) erhalten. Die dieses Gesetz publizirende Nr. 16 des Bundesgesetzblattes ist zu Berlin am 20. April 1871 ausgegeben worden.

Durch das Reichsgesetz v. 9. Juni 1871 (RGB. 1871 S. 212) sind die von Frankreich an Deutschland abgetretenen Gebiete Elsaß und Lothringen mit dem Deutschen Reiche vereinigt und zufolge des Reichsgesetzes v. 25. Juni 1873 (RGB. 1873 S. 161) ist in diesem Reichslande die Verfassung des Deutschen Reichs (vom 1. Jan. 1874 an) in Wirksamkeit getreten.

I.

Gesetz,

betreffend

die Verfassung des Deutschen Reichs.

Vom 16. April 1871.

(BGB. 1871 Nr. 16 S. 63.)

Wir Wilhelm, von Gottes Gnaden Deutscher Kaiser, König von Preußen rc. verordnen hiermit im Namen des Deutschen Reichs, nach erfolgter Zustimmung des Bundesrathes und des Reichstages, was folgt:

§ 1. An die Stelle der zwischen dem Norddeutschen Bunde und den Großherzogthümern Baden und Hessen vereinbarten Verfassung des Deutschen Bundes (BGB. vom Jahre 1870 S. 627 ff.), sowie der mit den Königreichen Bayern und Württemberg über den Beitritt zu dieser Verfassung geschlossenen Verträge vom 23. u. 25. Nov. 1870 (BGB. vom Jahre 1871 S. 9 ff. und vom Jahre 1870 S. 654 ff.) tritt die beigefügte

Verfassungs-Urkunde für das Deutsche Reich.

§ 2. Die Bestimmungen in Art. 80 der in § 1 gedachten Verfassung des Deutschen Bundes (BGB. vom Jahre 1870 S. 647 [1]), unter III. § 8 des Vertrages mit Bayern v. 23. Nov. 1870 (BGB. vom Jahre 1871 S. 21 ff. [2]), in Art. 2 Nr. 6 des Vertrages mit Württemberg v. 25. Nov. 1870 (BGB. vom Jahre 1870 S. 656 [3]), über die Einführung der im Norddeutschen Bunde ergangenen Gesetze in diesen Staaten bleiben in Kraft.

Die dort bezeichneten Gesetze sind Reichsgesetze. Wo in denselben von dem Norddeutschen Bunde, dessen Verfassung, Gebiet, Mitgliedern oder Staaten, Indigenat, verfassungsmäßigen Organen, Angehörigen, Beamten, Flagge u. s. w. die Rede ist, sind das Deutsche Reich und dessen entsprechende Beziehungen zu verstehen.

Dasselbe gilt von denjenigen im Norddeutschen Bunde ergangenen Gesetzen, welche in der Folge in einem der genannten Staaten eingeführt werden [4]).

§ 3. Die Vereinbarungen in dem zu Versailles am 15. Nov. 1870 aufgenommenen Protokolle (BGB. vom Jahre 1870 S. 650 ff. [5]), in der Verhandlung zu Berlin v. 25. Nov. 1870 (BGB. vom Jahre 1870 S. 657 [6]), dem Schlußprotokolle v. 23. Nov. 1870 (BGB. vom Jahre 1871 S. 23 ff. [7]), sowie unter IV. des Ver-

[1]) Vgl. unten Anlage I.
[2]) Vgl. unten Anlage II.
[3]) Vgl. unten Anlage III.
[4]) Vgl. unten Anlage IV.
[5]) Vgl. unten Anlage V.
[6]) Vgl. unten Anlage VI.
[7]) Vgl. unten Anlage VII.

trages mit Bayern v. 23. Nov. 1870 (a. a. O. S. 21 ff.[1]) werden durch dieses Gesetz nicht berührt.

Urkundlich unter Unserer Höchsteigenhändigen Unterschrift und beigedrucktem Kaiserlichen Insiegel.

Gegeben Berlin, d. 16. April 1871.

(L. S.) **Wilhelm.**

Fürst v. Bismarck.

---

[1]) Vgl. unten Anlage VIII.

II.

Verfassung
des
Deutschen Reichs.

Seine Majestät der König von Preußen im Namen des Norddeutschen Bundes, Seine Majestät der König von Bayern, Seine Majestät der König von Württemberg, Seine Königliche Hoheit der Großherzog von Baden und Seine Königliche Hoheit der Großherzog von Hessen und bei Rhein für die südlich vom Main belegenen Theile des Großherzogthums Hessen, schließen einen ewigen Bund zum Schutze des Bundesgebietes und des innerhalb desselben gültigen Rechtes, sowie zur Pflege der Wohlfahrt des Deutschen Volkes. Dieser Bund wird den Namen Deutsches Reich führen und wird nachstehende

Verfassung

haben.

I. Bundesgebiet.[1])

Artikel 1.

Das Bundesgebiet besteht aus den Staaten Preußen

[1]) Vgl. v. Rönne's Staatsrecht des D. Reiches, 2. Aufl., Bd. I. § 7 S. 48 ff.

mit Lauenburg[1]), Bayern, Sachsen, Württemberg, Baden[2]), Hessen, Mecklenburg-Schwerin, Sachsen-Weimar, Mecklenburg-Strelitz, Oldenburg, Braunschweig, Sachsen-Meiningen, Sachsen-Altenburg, Sachsen-Koburg-Gotha, Anhalt, Schwarzburg-Rudolstadt, Schwarzburg-Sondershausen, Waldeck, Reuß älterer Linie, Reuß jüngerer Linie, Schaumburg-Lippe, Lippe, Lübeck, Bremen und Hamburg.

I. RG. v. 9. Juni 1871, betr. die Vereinigung von Elsaß und Lothringen mit dem Deutschen Reiche.
(RGB. 1871 S. 212, GB. Els.-Lothr. 1871 S. 1.)

Wir Wilhelm, von Gottes Gnaden Deutscher Kaiser, König von Preußen rc. verordnen hiermit im Namen des Deutschen Reichs, nach erfolgter Zustimmung des Bundesrathes und des Reichstages, was folgt:

§ 1 Die von Frankreich durch den Artikel I. des Präliminar-Friedens vom 26. Februar 1871. abgetretenen Gebiete Elsaß und Lothringen werden in der durch den Artikel I. des Friedens-Vertrages vom 10. Mai 1871 und den dritten Zusatzartikel zu diesem Vertrage festgestellten Begrenzung mit dem Deutschen Reiche für immer vereinigt.

---

[1]) Das Herzogthum Lauenburg, welches seit dem 13. Sept. 1865 mit der Krone Preußen in Personalunion vereinigt worden war, (vgl. v. Rönne's Staatsrecht der Preuß. Monarchie, 5. Aufl., Bd. I. §. 10. S. 49) ist jetzt in Gemäßheit des Gesetzes v. 23. Juni 1876 (Pr. GS. 1876 S. 169) für immer mit der Preußischen Monarchie vereinigt worden.

[2]) Vgl. die Vereinbarung zwischen dem deutschen Reiche und der Schweiz wegen Regulirung der Grenze bei Konstanz v. 24. Juni 1879. (RGB. 1879 S. 307), wodurch eine Veränderung der Badischen Landesgrenze und damit der Reichsgrenze genehmigt ist.

§ 2. Die Verfassung des Deutschen Reichs tritt in Elsaß und Lothringen am 1. Januar 1873. in Wirksamkeit. Durch Verordnung des Kaisers mit Zustimmung des Bundesrathes können einzelne Theile der Verfassung schon früher eingeführt werden.

Die erforderlichen Aenderungen und Ergänzungen der Verfassung bedürfen der Zustimmung des Reichstages.

Artikel 3 der Reichsverfassung tritt sofort in Wirksamkeit.

§ 3. Die Staatsgewalt in Elsaß und Lothringen übt der Kaiser aus.

Bis zum Eintritt der Wirksamkeit der Reichsverfassung ist der Kaiser bei Ausübung der Gesetzgebung an die Zustimmung des Bundesrathes und bei der Aufnahme von Anleihen oder Uebernahme von Garantien für Elsaß und Lothringen, durch welche irgend eine Belastung des Reichs herbeigeführt wird, auch an die Zustimmung des Reichstages gebunden.

Dem Reichstage wird für diese Zeit über die erlassenen Gesetze und allgemeinen Anordnungen und über den Fortgang der Verwaltung jährlich Mittheilung gemacht.

Nach Einführung der Reichsverfassung steht bis zu anderweitiger Regelung durch Reichsgesetz das Recht der Gesetzgebung auch in den der Reichsgesetzgebung in den Bundesstaaten nicht unterliegenden Angelegenheiten dem Reiche zu.

§ 4. Die Anordnungen und Verfügungen des Kaisers bedürfen zu ihrer Gültigkeit der Gegenzeichnung des Reichskanzlers, der dadurch die Verantwortlichkeit übernimmt[1]).

Urkundlich unter Unserer Höchsteigenhändigen Unterschrift und beigedrucktem Kaiserlichen Insiegel.

Gegeben Berlin, den 9. Juni 1871.

(L. S. Wilhelm.

Fürst v. Bismarck.

---

[1]) Ueber die Verkündung der für Elsaß-Lothringen erlassenen Gesetze und Kaiserl. Verordnung durch das (seit dem Juli 1870 erscheinende) „Gesetzblatt für Elsaß-Lothringen" vgl. das G. v. 3. Juli 1871 (GB. Els.-Lothr. 1871 S. 2) und § 22 des Gesetzes v. 4. Juli 1879, betr. die Verfassung und die Verwaltung Elsaß-Lothringens (RGB. 1879 S. 169) [s. unten Zus. V.].

II. RG. v. 20. Juni 1872, betr. den Termin für die Wirksamkeit der Verfassung des Deutschen Reichs in Elsaß-Lothringen.

(RGB. 1872 S. 208, GB. Elf.-Lothr. 1872 S. 441.)

Wir Wilhelm, von Gottes Gnaden Deutscher Kaiser, König von Preußen ꝛc., verordnen im Namen des Deutschen Reichs, nach erfolgter Zustimmung des Bundesrathes und des Reichstages, was folgt:

Der im §. 2. des Gesetzes vom 9. Juni 1871, betreffend die Vereinigung von Elsaß-Lothringen mit dem Deutschen Reiche (RGB. 1871 S. 212) auf den 1. Januar 1873 bestimmte Termin, an welchem die Verfassung des Deutschen Reichs in Elsaß-Lothringen in Wirksamkeit treten soll, wird auf den 1. Januar 1874 verlegt.

Urkundlich unter Unserer Höchsteigenhändigen Unterschrift und beigedrucktem Kaiserlichen Insiegel.

Gegeben Schloß Babelsberg, den 20. Juni 1872.

(L. S.) Wilhelm.

Fürst v. Bismarck.

III. RG. v. 25. Juni 1873, betr. die Einführung der Verfassung des Deutschen Reichs in Elsaß-Lothringen.

(RGB. 1873 S. 161, GB. Elf.-Lothr. 1873 S. 131)

Wir Wilhelm, von Gottes Gnaden Deutscher Kaiser, König von Preußen ꝛc. verordnen hiermit im Namen des Deutschen Reichs, nach erfolgter Zustimmung des Bundesrathes und des Reichstages, was folgt:

§ 1. Die durch Gesetz vom 16. April 1871 verkündete Verfassung des Deutschen Reichs tritt in der durch die Gesetze vom 24. Februar 1873[1]) und 3. März 1873[2]) (RGB. 1873 S. 45, S. 47) abgeänderten, aus der Anlage I. sich ergebenden Fassung in Elsaß-Lothringen vom 1. Januar 1874 ab, unbeschadet der Geltung der bereits eingeführten Bestimmungen, mit den in den nachfolgenden §§. 2—5 enthaltenen Maßgaben in Wirksamkeit.

---

[1]) Vgl. zum Art. 28 der Reichsverfassung.

[2]) Vgl. zum Art 4 Nr. 9 der Reichsverfassung.

§ 2. Dem in Artikel 1 der Verfassung bezeichneten Bundesgebiete tritt das Gebiet des Reichslandes Elsaß-Lothringen hinzu.

§ 3. Bis zu der in Artikel 20 der Verfassung vorbehaltenen gesetzlichen Regelung werden in Elsaß-Lothringen 15 Abgeordnete zum Deutschen Reichstage gewählt.

§ 4. Die in Artikel 35 der Verfassung erwähnte Besteuerung des inländischen Bieres bleibt der inneren Gesetzgebung bis auf Weiteres vorbehalten.

An dem in die Reichskasse fließenden Ertrage der Steuer vom Bier und an dem diesem Ertrage entsprechenden Theile des in Artikel 38 Absatz 3 erwähnten Aversums hat Elsaß-Lothringen keinen Theil.

§ 5. Die Beschränkungen, welchen die Erhebung von Abgaben für Rechnung von Kommunen nach Artikel 5 des Zollvereinigungsvertrages vom 8. Juli 1867 (Artikel 40 der Verfassung) unterliegt, finden auf die in Elsaß-Lothringen bestehenden Bestimmungen über das Oktroi bis auf Weiteres keine Anwendung.

§ 6. Das Wahlgesetz für den Deutschen Reichstag vom 31. Mai 1869 tritt in der anliegenden, dem Gesetze vom 16. April 1871[1]) entsprechenden Fassung (Anlage II.) in Elsaß-Lothringen am 1. Januar 1874 in Kraft.

Die in §. 6 des Wahlgesetzes vorgesehene Abgrenzung der Wahlkreise erfolgt bis zu der vorbehaltenen reichsgesetzlichen Bestimmung durch Beschluß des Bundesrathes.

§ 7. Wo in den in Elsaß-Lothringen bereits eingeführten Gesetzen des Norddeutschen Bundes, welche durch § 2 des Gesetzes vom 16. April 1871 zu Reichsgesetzen erklärt sind, von dem Norddeutschen Bunde, dessen Verfassung, Gebiet, Mitgliedern oder Staaten, Indigenat, verfassungsmäßigen Organen, Angehörigen, Beamten, Flagge u. s. w. die Rede ist, sind das Deutsche Reich und dessen entsprechende Beziehungen zu verstehen.

Dasselbe gilt von denjenigen im Norddeutschen Bunde ergangenen Gesetzen, welche in der Folge in Elsaß-Lothringen eingeführt werden.

---

[1]) Nämlich dem Gesetz v. 16. April 1871, betr. die Verf. des D. Reichs (s. oben S. 13 ff.).

§ 8. Auch nach Einführung der Verfassung und bis zu anderweiter gesetzlicher Regelung kann der Kaiser unter Zustimmung des Bundesrathes, während der Reichstag nicht versammelt ist, Verordnungen mit gesetzlicher Kraft erlassen. Dieselben dürfen nichts bestimmen, was der Verfassung oder den in Elsaß-Lothringen geltenden Reichsgesetzen zuwider ist, und sich nicht auf solche Angelegenheiten beziehen, in welchen nach §. 3 Absatz 2 des die Vereinigung von Elsaß-Lothringen mit dem Deutschen Reiche betreffenden Gesetzes vom 9. Juni 1871 die Zustimmung des Reichstages erforderlich ist.

Auf Grund dieser Ermächtigung erlassene Verordnungen sind dem Reichstage bei dessen nächstem Zusammentritt zur Genehmigung vorzulegen. Sie treten außer Kraft, sobald die Genehmigung versagt wird.

Urkundlich unter Unserer Höchsteigenhändigen Unterschrift und beigedrucktem Kaiserlichen Insiegel.

Gegeben Schloß Babelsberg, den 25. Juni 1873.

(L. S.) Wilhelm.

Fürst v. Bismarck.

Anlage I.

Wortlaut der Reichsverfassung (RGB. v. 1871 Nr. 16 S. 64 ff.) mit der Maßgabe, daß

Artikel 4 Nr. 9 lautet:

9) der Flößerei- und Schiffahrtsbetrieb auf den mehreren Staaten gemeinsamen Wasserstraßen und der Zustand der letzteren, sowie die Fluß- und sonstigen Wasserzölle, desgleichen die Seeschifffahrtszeichen (Leuchtfeuer, Tonnen Baken und sonstige Tagesmarken);

Artikel 28 lautet:

Der Reichstag beschließt nach absoluter Stimmenmehrheit. Zur Gültigkeit der Beschlußfassung ist die Anwesenheit der Mehrheit der gesetzlichen Anzahl der Mitglieder erforderlich

Anlage II.

Wortlaut des Wahlgesetzes vom 31. Mai 1869 (BGB. v. 1869 Nr. 17 S. 145 ff.[1]) mit der Maßgabe, daß

[1]) Vgl. zum Art. 20 der Reichsverfassung.

die Ueberschrift lautet:

Wahlgesetz für den Deutschen Reichstag. Vom 31. Mai 1869.

Der §. 1 lautet:

Wähler für den Deutschen Reichstag ist jeder Deutsche, welcher das fünfundzwanzigste Lebensjahr zurückgelegt hat, in dem Bundesstaate, wo er seinen Wohnsitz hat.

Der Eingang zum §. 4 lautet:

Wähler zum Abgeordneten ist im ganzen Bundesgebiete jeder Deutsche, welcher u. s. w.

IV. RG. v. 2. Mai 1877, betr. die Landesgesetzgebung von Elsaß-Lothringen. (RGB. 1877 S. 491.)

Wir Wilhelm, von Gottes Gnaden Deutscher Kaiser, König von Preußen 2c. verordnen im Namen des Deutschen Reichs, nach erfolgter Zustimmung des Bundesraths und des Reichstags, wie folgt:

§ 1. Landesgesetze für Elsaß-Lothringen, einschließlich des jährlichen Landeshaushalts-Etats, werden mit Zustimmung des Bundesraths vom Kaiser erlassen, wenn der durch den Kaiserlichen Erlaß vom 29. Oktober 1874 — Anlage A. — [1]) eingesetzte Landesausschuß denselben zugestimmt hat.

§ 2. Die Erlassung von Landesgesetzen (§. 1) im Wege der Reichsgesetzgebung bleibt vorbehalten.

Die auf Grund dieses Vorbehaltes erlassenen Landesgesetze können nur im Wege der Reichsgesetzgebung aufgehoben oder geändert werden.

---

[1]) Vgl. den Erl. v. 29. Okt. 1874 im RGB. 1877 S. 492 u. im GB. Elſ.-Lothr. 1874 S. 37. — Vgl. dazu: a. V. v. 23. März 1875 zur Ausführung des Allerh. Erl. v. 29. Okt. 1874 (GB. Elſ.-Lothr. 1875 S. 63); b Allerh. Erl. v. 13. Febr. 1877, betr. die Wahl eines zweiten Stellvertreters des Vorsitzenden des Landesausschusses für Elsaß-Lothringen (GB. Elſ.-Lothr 1877 S. 9); c. §§ 12—21 des Gesetzes v. 4. Juli 1879, betr. die Verfassung und die Verwaltung Elsaß-Lothringens (RGB. 1879 S. 167) [vgl. unten Zus. V.].

§ 3. Die Rechnungen über den Landeshaushalt werden dem Bundesrath und dem Landesausschuß zur Entlastung vorgelegt. Versagt der Landesausschuß die Entlastung, so kann dieselbe durch den Reichstag erfolgen.

§ 4. Bis zur anderweitigen Regelung durch Reichsgesetz bleiben im übrigen die Bestimmungen der Kaiserlichen Erlasse vom 29. Oktober 1874 und 13. Februar 1877 in Geltung.

Urkundlich unter Unserer Höchsteigenhändigen Unterschrift und beigedrucktem Kaiserlichen Insiegel.

Gegeben Straßburg i. E., den 2. Mai 1877.

(L. S.) Wilhelm.

Fürst v. Bismarck.

V. RG. v. 4. Juli 1879, betr. die Verfassung und die Verwaltung Elsaß-Lothringens. (RGB. 1879 S. 165 ff.)

Wir Wilhelm, von Gottes Gnaden Deutscher Kaiser, König von Preußen ꝛc. verordnen im Namen des Reichs, nach erfolgter Zustimmung des Bundesraths und des Reichstags, was folgt:

§ 1. Der Kaiser kann landesherrliche Befugnisse, welche ihm kraft Ausübung der Staatsgewalt in Elsaß-Lothringen zustehen, einem Statthalter übertragen. Der Statthalter wird vom Kaiser ernannt und abberufen.[1]) Er residirt in Straßburg.

Der Umfang der dem Statthalter zu übertragenden landesherrlichen Befugnisse wird durch Kaiserliche Verordnung[2]) bestimmt.

---

[1]) Ueber den Anspruch des Statthalters auf Gewährung von Pension und Wartegeld vgl. das RG. v. 28. April 1886 (RGB. 1886 S. 129).

[2]) Vgl. die Kaiserl. V. v. 23. Juli 1879, betr. die Uebertragung Kaiserl. Befugnisse auf den Statthalter in Elsaß-Lothringen (RGB. 1879 S. 282), welche durch den Tod des Statthalters Freiherrn v. Manteuffel ihre Geltung verloren hat. Durch den Allerh. Erl. v. 29. Juni 1885 (GB. f. Elſ.-Lothr. 1885 S. 63) sind die Befugnisse und Obliegenheiten des Vertreters des Statthalters, Staatssekretärs v. Hofmann, bestimmt. Die landesherrlichen Befugnisse des jetzigen Statthalters, Fürsten v. Hohenlohe-Schillingsfürst, sind durch die Kaiserl. V. v. 28. Sept. 1885 (RGB. 1885 S. 273) festgesetzt.

§ 2. Auf den Statthalter gehen zugleich die durch Gesetze und Verordnungen dem Reichskanzler in elsaß-lothringischen Landesangelegenheiten überwiesenen Befugnisse und Obliegenheiten, sowie die durch §. 10 des Gesetzes, betreffend die Einrichtung der Verwaltung, vom 30. Dezember 1871 (GB. f. Elf.-Lothr. von 1872 S. 49) dem Oberpräsidenten übertragenen außerordentlichen Gewalten über.

§ 3. Das Reichskanzler-Amt für Elsaß-Lothringen und das Oberpräsidium in Elsaß-Lothringen werden aufgelöst Zur Wahrnehmung der von dem ersteren und dem Reichs-Justizamte in der Verwaltung des Reichslandes, sowie der von dem Oberpräsidenten bisher geübten Obliegenheiten wird ein Ministerium für Elsaß-Lothringen errichtet, welches in Straßburg seinen Sitz hat und an dessen Spitze ein Staatssekretär steht.

§ 4. Die Anordnungen und Verfügungen, welche der Statthalter kraft des ihm nach §. 1 ertheilten Auftrags trifft, bedürfen zu ihrer Gültigkeit der Gegenzeichnung des Staatssekretärs, welcher dadurch die Verantwortlichkeit übernimmt.

In den im §. 2 bezeichneten Angelegenheiten hat der Staatssekretär die Rechte und die Verantwortlichkeit eines Stellvertreters des Statthalters in dem Umfange, wie ein dem Reichskanzler nach Maßgabe des Gesetzes vom 17. März 1878 (RGB. S. 7) substituirter Stellvertreter sie hat. Dem Statthalter ist vorbehalten, jede in diesen Bereich fallende Amtshandlung selbst vorzunehmen.

§ 5. Das Ministerium für Elsaß-Lothringen zerfällt in Abtheilungen. An der Spitze der Abtheilungen stehen Unterstaatssekretäre. Dem Staatssekretär kann die Leitung einer Abtheilung übertragen werden. Das Nähere über die Organisation des Ministeriums wird durch Kaiserliche Verordnung [1]) bestimmt.

---

[1]) Vgl. die Kaiserl. V. v. 23. Juli 1879, betr. die Einrichtung des Ministeriums für Elsaß-Lothringen (GB. f. Elf.-Lothr. 1879 S. 81, und die beiden Kaiserl. V. v. 29 Juli 1881 und v. 5. Juni 1882 betr. Abänderung der V. v. 23. Juli 1879 über die Einrichtung des Ministeriums für Elsaß-Lothringen (GB. f. Elf.-Lothr. 1881 S. 95 und 1882 S. 81), sowie die Kaiserl. V. v. 21. April 1882, betr. die Einrichtung eines Oberschulraths für Elsaß-Lothringen (GB. f. Elf.-Lothr. 1882 S. 67).

§ 6. Der Staatssekretär, die Unterstaatssekretäre und die Räthe des Ministeriums werden vom Kaiser unter Gegenzeichnung des Statthalters, die übrigen höheren Beamten des Ministeriums werden vom Statthalter, die Subaltern- und Unterbeamten vom Staatssekretär ernannt.

Auf den Staatssekretär und die Unterstaatssekretäre finden die Bestimmungen der §§. 25, 35 des Gesetzes, betreffend die Rechtsverhältnisse der Reichsbeamten, vom 31. März 1873 (GB. f. Elf.-Lothr. S. 479) Anwendung.

Sämmtliche Beamte des Ministeriums sind Landesbeamte im Sinne des die Rechtsverhältnisse der Beamten und Lehrer betreffenden Gesetzes vom 23. Dezember 1873 (GB. für Elf.-Lothr. S. 479).

§ 7. Zur Vertretung der Vorlagen aus dem Bereiche der Landesgesetzgebung, sowie der Interessen Elsaß-Lothringens bei Gegenständen der Reichsgesetzgebung können durch den Statthalter Kommissare in den Bundesrath abgeordnet werden, welche an dessen Berathungen über diese Angelegenheiten Theil nehmen.

§ 8. Die in den §§. 5, 39, 52 und 68 des vorerwähnten Gesetzes vom 31. März 1873 bezeichneten Befugnisse des Bundesraths gehen bezüglich der Landesbeamten auf das Ministerium über. Auch bedarf es der Zustimmung des Bundesraths, welche in §. 18 desselben Gesetzes, sowie in §. 2 des die Kautionen der Beamten des Staates, der Gemeinden und der öffentlichen Anstalten betreffenden Gesetzes vom 15. Oktober 1873 (G.B. f. Elf.-Lothr. S. 273) vorgesehen ist, fortan nicht mehr.

§ 9 Es wird ein Staatsrath eingesetzt, welcher berufen ist zur Begutachtung:

1. der Entwürfe zu Gesetzen,
2. der zur Ausführung von Gesetzen zu erlassenden allgemeinen Verordnungen,
3. anderer Angelegenheiten, welche ihm vom Statthalter überwiesen werden.

Durch die Landesgesetzgebung können dem Staatsrath auch andere, insbesondere beschließende Funktionen übertragen werden.

§ 10. Der Staatsrath besteht unter dem Vorsitze des Statthalters aus folgenden Mitgliedern:

1. dem Staatssekretär,
2. den Unterstaatssekretären,
3. dem Präsidenten des Oberlandesgerichts und dem ersten Beamten der Staatsanwaltschaft bei diesem Gerichte,
4. acht bis zwölf Mitgliedern, welche der Kaiser ernennt.

Von den unter 4 bezeichneten Mitgliedern werden drei auf den Vorschlag des Landesausschusses ernannt, die übrigen beruft der Kaiser aus Allerhöchstem Vertrauen. Die Ernennung erfolgt jedesmal auf drei Jahre.

Im Vorsitze des Staatsraths wird der Statthalter im Behinderungsfalle durch den Staatssekretär vertreten.

Die Geschäftsordnung des Staatsraths wird vom Kaiser festgestellt.

§ 11. Die Mitglieder des Kaiserlichen Raths in Elsaß-Lothringen (§. 8 des Gesetzes vom 30. Dezember 1871) werden bis auf weiteres in der Zahl von zehn durch Kaiserliche Verordnung ernannt.

§ 12. Die Zahl der Mitglieder des Landesausschusses wird auf achtundfünfzig erhöht.

Von den Mitgliedern werden vierunddreißig nach Maßgabe der in dem Kaiserlichen Erlaß vom 29. Oktober 1874 getroffenen Bestimmungen durch die Bezirkstage, und zwar zehn durch den Bezirkstag des Ober-Elsaß, elf durch den Bezirkstag von Lothringen, dreizehn durch den Bezirkstag des Unter-Elsaß gewählt. Die Wahl von Stellvertretern findet ferner nicht statt.

§ 13. Von den übrigen vierundzwanzig Mitgliedern werden je eines in den Gemeinden Straßburg, Mülhausen, Metz und Colmar, zwanzig von den zwanzig Landkreisen, in den Kreisen Mülhausen und Colmar unter Ausscheidung der gleichnamigen Stadtgemeinde, gewählt.

§ 14. Die Abgeordneten von Straßburg, Mülhausen, Metz und Colmar werden von den Gemeinderäthen aus deren Mitte gewählt.

Die Wahl in den Kreisen wird derart vorgenommen, daß die Gemeinderäthe aus ihren Mitgliedern, in Gemeinden mit weniger als 1 000 Einwohnern einen Wahlmann, in Gemeinden mit über

1 000 Einwohnern für je volle 1 000 Einwohner mehr einen Wahlmann mehr wählen.

Die Wahlmänner jedes Kreises wählen den Abgeordneten desselben.

Die Wahlen der Abgeordneten werden innerhalb vier Wochen nach der Wahl der Wahlmänner vorgenommen. Wählbar zum Abgeordneten ist, wer das aktive Gemeindewahlrecht besitzt und im Bezirke seinen Wohnsitz hat.

§ 15. Die Wahlen der Wahlmänner und der Abgeordneten geschehen in geheimer Abstimmung auf drei Jahre.

Das Recht des Wahlmannes sowie der von den Gemeinderäthen unmittelbar gewählten Abgeordneten erlischt mit der Mitgliedschaft im Gemeinderath.

§ 16. In Gemeinden, deren Gemeinderath suspendirt oder aufgelöst ist, ruht das Wahlrecht.

§ 17. Die näheren Bestimmungen über die Ausführung der Wahlen werden durch Kaiserliche Verordnung[1]) getroffen.

§ 18[2]). Die nach §§. 13 bis 17 gewählten Abgeordneten haben, insofern sie noch nicht vereidet sind, bei ihrem Eintritt in den Landesausschuß den gleichen Eid zu leisten, wie die Mitglieder der Bezirkstage. Die Ausübung des Mandats wird durch die Leistung des Eides bedingt.

§ 19. Der Kaiser kann den Landesausschuß vertagen oder auflösen.

Die Auflösung des Landesausschusses zieht die Auflösung der Bezirkstage nach sich.

Die Neuwahlen zu den Bezirkstagen haben in einem solchen Falle innerhalb dreier Monate, die Neuwahlen zu dem Landesausschuß innerhalb sechs Monaten nach dem Tage der Auflösungsverordnung stattzufinden.

---

[1]) Vgl. die Kaiserl. V. v. 1. Okt. 1879, betr. die Wahlen zum Landesausschuß (GB. Elſ.-Lothr. 1879 S. 89).

[2]) Vgl. RG. v. 23. Mai 1881, betr. die Oeffentlichkeit der Verhandlungen und die Geschäftssprache des Landesausschusses für Elsaß-Lothringen (RGB. 1881 S. 98).

§ 20. Die Mitglieder des Ministeriums und die zu deren Vertretung abgeordneten Beamten haben das Recht, bei den Verhandlungen des Landesausschusses sowie in dessen Abtheilungen und Kommissionen gegenwärtig zu sein. Sie müssen auf ihr Verlangen jederzeit gehört werden.

§ 21. Der Landesausschuß erhält das Recht, innerhalb des Bereiches der Landesgesetzgebung Gesetze vorzuschlagen und an ihn gerichtete Petitionen dem Ministerium zu überweisen.

Im übrigen bleiben die in dem Gesetze, betreffend die Landesgesetzgebung in Elsaß-Lothringen, vom 2. Mai 1877 (RGB. S. 491), sowie die im §. 8 des Gesetzes, betreffend die Einführung der Reichsverfassung in Elsaß-Lothringen, vom 25. Juni 1873 (ebendaselbst S. 161) getroffenen Bestimmungen in Geltung.

§ 22. Das Gesetzblatt für Elsaß-Lothringen — Gesetz v. 3. Juli 1871 (GB. f. Els.-Lothr. S. 2) — wird vom Ministerium in Straßburg herausgegeben. Die im §. 2 des erwähnten Gesetzes bezeichnete vierzehntägige Frist beginnt mit dem Ablaufe des Tages, an welchem das betreffende Stück des Gesetzblattes in Straßburg ausgegeben worden ist.

§ 23. Der Zeitpunkt, an welchem dieses Gesetz in Kraft tritt, wird durch Kaiserliche Verordnung[1]) bestimmt.

Urkundlich unter Unserer Höchsteigenhändigen Unterschrift und beigedrucktem Kaiserlichen Insiegel.

Gegeben Bad Ems, den 4. Juli 1879.

(L. S.) Wilhelm.

Fürst v. Bismarck.

---

[1]) Durch die Kaiserl. V. v. 23. Juli 1879 (RGB. 1879 S. 281) ist bestimmt worden, daß das Gesetz v. 4. Juli 1879 am 1. Okt. 1879 in Kraft tritt.

II. Reichsgesetzgebung[1]).

Artikel 2.

Innerhalb dieses Bundesgebietes übt das Reich das Recht der Gesetzgebung[2]) nach Maßgabe des Inhalts dieser Verfassung und mit der Wirkung aus, daß die Reichsgesetze den Landesgesetzen vorgehen. Die Reichsgesetze erhalten ihre verbindliche Kraft durch ihre Verkündigung von Reichswegen[3]), welche vermittelst eines Reichsgesetzblattes geschieht. Sofern nicht in dem publizirten Gesetze ein anderer Anfangstermin seiner verbindlichen Kraft bestimmt ist, beginnt die letztere mit dem vierzehnten Tage nach dem Ablauf desjenigen Tages, an welchem das betreffende Stück des Reichsgesetzblattes in Berlin ausgegeben worden ist.

1. Auch bezüglich der der Reichslegislative zugewiesenen Gegenstände bleiben die in den einzelnen Staaten geltenden Gesetze und Verordnungen so lange in Kraft und können auf dem bisherigen Wege der Einzelgesetzgebung abgeändert werden, bis eine bindende Norm vom Reiche ergangen ist. (Schlußprotokoll mit Bayern v. 23. Nov. 1870 unter VI.[4]) (RGB. 1871 S. 24).

2. V. v. 26. Juli 1867, betr. die Einführung des Bundesgesetzblattes für den Norddeutschen Bund (BGB. 1867 S. 24). Das

---

[1]) Vgl. v. Rönne's Staatsrecht des D. Reiches, 2. Aufl., Bd. II. Abth. 1 §§ 63 ff. S. 2 ff.

[2]) Vgl. über die Organe der Reichsgesetzgebung Art. 5 der Reichsverfassung.

[3]) Vgl. über das Recht der Verkündigung Art. 17 der Reichsverfassung.

[4]) Vgl. unten Anlage VII.

Bundesgesetzblatt des Norddeutschen Bundes führt von Nr. 4 bis einschl. 18 des Jahrg. 1871 ab den Titel: „Bundesgesetzblatt des Deutschen Bundes“ und von Nr. 19 des Jahrg. 1871 ab den Titel: „Reichs-Gesetzblatt“. Die Herausgabe erfolgt (zuf. § 3 der V. v. 26. Juli 1867) im Bureau des Reichskanzleramtes.

In Ausführung eines Beschlusses des Bundesrathes (D. Reichsanzeiger 1872 Nr. 304) wird seit dem Jahre 1873 durch das Reichskanzleramt (jetzt Reichsamt des Innern) das „Centralblatt für das Deutsche Reich“ herausgegeben, welches zur Aufnahme solcher für das Publikum bestimmter Veröffentlichungen der Organe des Reichs dient, die der Verkündung durch das Reichs-Gesetzblatt nicht bedürfen. (Vgl. Bekanntm. des Preuß. Staatsmin. v. 27. Mai 1876, MBl. d. i. V. 1876 S. 123).

3a. Neue Gesetze erlangen, soweit nicht reichsgesetzlich etwas Anderes bestimmt wird, in den Konsulargerichtsbezirken nach Ablauf von vier Monaten von dem Tage gerechnet, an welchem das betreffende Stück des Reichsgesetzblattes oder der Preußischen Gesetzsammlung in Berlin ausgegeben worden ist, verbindliche Kraft. (RG. v. 10. Juli 1879 über die Konsulargerichtsbarkeit. RGB. 1879 S. 205).

Vgl. die frühere Bestimmung hierüber in dem RG. v. 8. Nov. 1867, betr. die Organisation der Bundeskonsulate 2c. § 24 Abs. 2, (BGB. 1867 S. 142).

b. Der Zeitpunkt, von welchem ab die Gesetze des Norddeutschen Bundes als Reichsgesetze in Bayern, Württemberg, Baden und Hessen südlich des Mains in Kraft getreten sind, ergiebt sich aus den in § 2 des Einführungsgesetzes v. 16. April 1871 in Bezug genommenen Vertragsbestimmungen, beziehungsweise dem darin bezogenen G. v. 22. April 1871, betr. die Einführung Norddeutscher Bundesgesetze in Bayern. Vgl. auch die Anmerk. hierüber zu den bei den einzelnen Artikeln der Reichsverfassung angeführten Gesetzen. Bei allen vor der Emanation der Reichsverfassung angeführten Bundesgesetzen ist der 1. Januar 1872 der späteste Termin ihrer Geltung.

Artikel 3.

Für ganz Deutschland besteht ein gemeinsames Indigenat mit der Wirkung, daß der Angehörige (Unterthan, Staatsbürger) eines jeden Bundesstaates in jedem anderen Bundesstaate als Inländer zu behandeln und demgemäß zum festen Wohnsitz, zum Gewerbebetriebe, zu öffentlichen Aemtern, zur Erwerbung von Grundstücken, zur Erlangung des Staatsbürgerrechtes und zum Genusse aller sonstigen bürgerlichen Rechte unter denselben Voraussetzungen wie der Einheimische zuzulassen, auch in Betreff der Rechtsverfolgung und des Rechtsschutzes demselben gleich zu behandeln ist.

Kein Deutscher darf in der Ausübung dieser Befugniß durch die Obrigkeit seiner Heimath, oder durch die Obrigkeit eines anderen Bundesstaates beschränkt werden.

Diejenigen Bestimmungen, welche die Armenversorgung und die Aufnahme in den lokalen Gemeindeverband betreffen, werden durch den im ersten Absatz ausgesprochenen Grundsatz nicht berührt.

Ebenso bleiben bis auf Weiteres die Verträge in Kraft, welche zwischen den einzelnen Bundesstaaten in Beziehung auf die Uebernahme von Auszuweisenden, die Verpflegung erkrankter und die Beerdigung verstorbener Staatsangehörigen bestehen [1]).

---

[1]) Vgl. Schlußprot. zu dem Vertr. v. 23. Nov. 1870, betr. den Beitritt Bayerns zur Verf. des D. R. unter III. (BGB. 1871 S. 23), s. unten Anl. VII.

Hinsichtlich der Erfüllung der Militairpflicht im Verhältniß zu dem Heimathslande wird im Wege der Reichsgesetze das Nöthige geordnet werden[1]).

Dem Auslande gegenüber haben alle Deutschen gleichmäßig Anspruch auf den Schutz des Reichs[2]).

1. Der Art. 3 ist für Elsaß-Lothringen bereits am 28. Juni 1871 zuf. des § 2 des RG. v. 9. Juni 1871 (RGB. 1871 S. 212, GB. f. Elf.-Lothr. 1871 S. 1) in Wirksamkeit getreten.

Vgl. Zus. I. zum Art. 1 der Reichsverfassung.

2. Ueber die uneingeschränkte Geltung des Art. 3 in Bayern vgl. Art. 4 Nr. 1 der Reichsverfassung, und Schlußprotokoll zu dem Vertrage v. 23. Nov. 1870, betr. den Beitritt Bayerns zur Verfassung des deutschen Reiches unter I.[3]) (BGB. 1871 S. 23).

3. Ueber das Recht des Reichs zur Beaufsichtigung und zur Gesetzgebung hinsichtlich der Gegenstände des Art. 3 vgl. Art. 4 Nr. 1 der Reichsverfassung.

4. Zur Ausführung des Grundsatzes des Art. 3 und auf Grund des Art. 4 Nr. 1 ergangene Bundes-, beziehungsweise Reichsgesetze:

a) BG. über die Freizügigkeit v. 1. Nov. 1867 (BGB. 1867 S. 55.[4]) Auch gültig für Baden und Südhessen, zuf. Art. 80 I 3 der mit Baden und Hessen vereinbarten Verf. (BGB. 1870 S. 647), für Württemberg zuf. Art. 2 Nr. 6 des Vertr. vom 25. Nov.

---

[1]) a) Dies ist durch das Reichs-Militairges. v. 2. Mai 1874 (RGB. 1874 S. 45) und die Novelle dazu v. 6. Mai 1880 (RGB. 1880 S. 103) geschehen. b) Vgl. § 17 des Ges. v. 9. Nov. 1867, betr. die Verpflichtung zum Kriegsdienste (BGB. 1867 S. 131); Vertr. zwischen dem Nordd. Bunde und dem Großherzogthum Baden, betr. die Einführung der gegenseitigen militairischen Freizügigkeit, v. 25. Mai 1869 (BGB. 1869 S. 675), und Art. 57 der Reichsverf. nebst Anm. dazu.

[2]) Vgl. Art. 4 Nr. 7 der Reichsverf. nebst Anm. dazu.

[3]) Vgl. unten Anl. VII.

[4]) Vgl. v. Rönne's Staatsrecht des D. R., 2. Aufl., Bd. I. § 4 S. 110 ff.

1870 (BGB. 1870 S. 656), für Bayern zuf. RG. v. 22. April 1871 § 2 I. 3 (BGB. 1871 S. 87) und für Elsaß-Lothringen zuf. RG. v. 8. Jan. 1873 (RGB. 1873 S. 51, GB. f. Elf.-Lothr. 1873 S. 1).

Die Freizügigkeit ist eingeschränkt:

α) Durch RG. v. 4. Juli 1872, betr. den Orden der Gesellschaft Jesu (RGB. 1872 S. 253). Auch gültig für Elsaß-Lothringen zuf. G. v. 8. Juli 1872 (GB. f. Elf.-Lothr. 1872 S. 506).

Dazu: Bekanntmachungen des Reichskanzlers v. 5. Juli 1872 und 20. Mai 1873, betr. die Ausführung des Gesetzes über den Orden Jesu. (RGB. 1872 S. 254 und 1873 S. 109, GB. f. Elf.-Lothr. 1872 S. 507 und 1873 S. 89).

β) Durch RG. v 4. Mai 1874, betr. die Verhinderung der unbefugten Ausübung von Kirchenämtern. (RGB. 1874 S. 43).

γ) Durch RG. v. 21. Okt. 1878 gegen die gemeingefährlichen Bestrebungen der Sozialdemokratie (RGB. 1878 S. 351), dessen Geltung durch RG. v. 31. Mai 1880 (RGB. 1880 S. 117) bis zum 30. Sept. 1884, durch RG. v. 28. Mai 1884 (RGB. 1884 S. 53) bis zum 30. Sept. 1886 und durch RG. v. 20. April 1886 (RGB. 1886 S. 77) bis zum 30. Sept. 1888 verlängert ist.

b) BG. über die Aufhebung der polizeilichen Beschränkung der Eheschließung vom 4. Mai 1868 (BGB. 1868 S. 149). Auch gültig für Baden und Südhessen, zuf. Art. 80 I. 7 der mit Baden und Hessen vereinbarten Verf. (BGB. 1870 S. 647), und für Württemberg, zuf. Art. 2 Nr. 6 des Vertr. v. 25. Nov. 1870 (BGB. 1870 S. 656). Nicht gültig in Bayern, zuf. Schlußprot. v. 23. Nov. 1870 unter 1. (BGB. 1871 S. 23). Nicht eingeführt in Elsaß-Lothringen.

c) BG., betr. die Gleichberechtigung der Konfessionen in bürgerlicher und staatsbürgerlicher Beziehung, v. 3. Juli 1869 (BGB. 1869 S. 292). Auch gültig für Baden und Südhessen, zuf. Art. 80 I. 20 der mit diesen Staaten vereinbarten Verf. (BGB 1870 S. 647), für Württemberg, zuf Art. 2 Nr. 6 des Vertr. v. 25. Nov. 1870 (BGB. 1870 S. 656) und für Bayern, zuf.

RG. v. 22. April 1871 § 2 I. 10 (BGB. 1871 S. 87). Nicht eingeführt in Elsaß-Lothringen.

d) BG. wegen Beseitigung der Doppelbesteuerung v. 13. Mai 1870 (BGB. 1870 S. 119[1]). Auch gültig für Baden und Südhessen, zuf. Art. 80 I. 22 der mit diesen Staaten vereinbarten Verf. (BGB. 1870 S. 647), für Württemberg, zuf. Art. 2 Nr. 6 des Vertr. v. 25. Nov. 1870 (BGB. 1870 S. 656), für Bayern, zuf. RG. v. 22. April 1871 § 2 II. (BGB. 1871 S. 88) und für Elsaß-Lothringen zuf. G. v. 14. Jan. 1872 (GB. f. Els.-Lothr. 1872 S. 61).

e) BG. über die Erwerbung und den Verlust der Bundes- und Staatsangehörigkeit v. 1. Juni 1870 (BGB. 1870 S. 355[2]). Auch gültig für Baden und Südhessen, zuf. Art. 80 I. 24 der mit Baden und Hessen vereinbarten Verf. (BGB. 1870 S. 647), und für Würtemberg, zuf. Art. 2 Nr. 6 des Vertr. v. 25. Nov. 1870 (BGB. 1870 S. 656), auch für Bayern, jedoch mit Ausnahme der Bestimmungen in § 1 Abs. 2, § 8 Abs. 3 und § 16, welche für das ganze Reichsgebiet weggefallen sind, zuf. RG. v. 22. April 1871 § 9 (BGB. 1871 S. 89), und für Elsaß-Lothringen, zuf. RG. v. 8. Jan. 1873 (RGB. 1873 S. 51, GB. f. Els.-Lothr. 1873 S. 1).

Dazu: RG. v. 20. Dez. 1875, betr. die Naturalisation von Ausländern, welche im Reichsdienste angestellt sind. (RGB. 1875 S. 324).

Vgl. Schlußprotokoll zu dem Vertrage v. 23. Nov. 1870, betr. den Beitritt Bayerns zur Verf. des Deutschen Reiches unter II. (BGB. 1870 S. 23), s. unten Anlage VII.

---

[1]) Zwischen Preußen und Sachsen war dieser Gegenstand schon durch die Uebereinkunft v. 16. April 1869 (Pr. GS. 1870 S. 142) geregelt worden.

[2]) Vgl. v. Rönne's Staatsrecht des D. R., 2. Aufl., Bd. I. § 11 S. 95 ff. — Ueber die Wirksamkeit der §§. 17 und 20 dieses Gesetzes v. 22. Juli 1870 ab vgl. BG. v. 21. Juli 1870 (BGB. 1870 S. 498).

f) BG. über den Unterstützungswohnsitz v. 6. Juni 1870 (BGB. 1870 S. 360[1]). Auch gültig für Südhessen, zuf. Art. 80 II. der mit Baden und Hessen vereinbarten Verf. (BGB. 1870 S. 649), und für Württemberg und Baden, zuf. RG. v. 8. Nov. 1871 (RGB. 1871 S. 391).

Nicht gültig für Bayern zuf. des Vertrages mit Bayern v. 23. Nov. 1870 unter III. § 1 (BGB. 1871 S. 18) und für Elsaß-Lothringen.

Artikel 4.

Der Beaufsichtigung Seitens des Reichs[2]) und der Gesetzgebung[3]) desselben unterliegen die nachstehenden Angelegenheiten[4]):

1) die Bestimmungen über Freizügigkeit, Heimaths- und Niederlassungs-Verhältnisse, Staatsbürgerrecht[5]), Paßwesen und Fremdenpolizei und über den Gewerbebetrieb, einschließlich des Versicherungswesens, soweit

---

[1]) Vgl. dazu das Pr. G. v. 8. März 1871, betr. die Ausführung des BG. über den Unterstützungswohnsitz (Pr. GS. 1871 S. 130). — Vgl. v. Rönne's Staatsrecht des D. R., 2. Aufl., Bd I. § 14 S. 125 ff.

[2]) Vgl. auch Art. 17 der Reichsverf.

[3]) Vgl. Art. 5 und 23 der Reichsverf.

[4]) Vgl. außerdem die Art. 11, 18, 20, 69, 75, 76, 78 der Reichsverf.

[5]) Vgl. den Vertr. zwischen dem Nordd. Bunde und den Vereinigten Staaten von Nordamerika, betr. die Staatsangehörigkeit derjenigen Personen, welche aus dem Gebiete des einen Theils in dasjenige des anderen Theils einwandern, v. 22. Febr. 1868 (BGB. 1868 S. 228). Vgl. über diesen Vertr.: v. Rönne's Staatsrecht des D. R., 2. Aufl., Bd. I. § 11 S. 105 Note 2 und Bd. II. Abth. 2 § 114 Seite 197 Note 1c und S. 313, desgl. v. Rönne's Staatsrecht der Pr. Monarchie, 4. Aufl., Bd. II. § 131 sub VI. S. 23.

diese Gegenstände nicht schon durch den Artikel 3. dieser Verfassung erledigt sind, in Bayern jedoch mit Ausschluß der Heimaths- und Niederlassungs-Verhältnisse, desgleichen über die Kolonisation und die Auswanderung nach außerdeutschen Ländern;

1. Ad v.: Freizügigkeit, Heimaths- und Niederlassungsverhältnisse, Staatsbürgerrecht.

Vgl. Anm. 4 zum Art. 3 der Reichsverfassung und in Betreff Bayerns das Schluß-Prot. zu dem Vertr. v. 23. Nov. 1870, betr. den Beitritt Bayerns zur Verf. des D. Bundes (BGB. 1871 S. 23 ff.) unter I. bis III.[1])

2. Ad v: Paßwesen und Fremdenpolizei[2]). BG. über das Paßwesen v. 12. Okt. 1867 (BGB. 1867 S. 33). Auch gültig für Baden, Südhessen, Württemberg und Bayern, zuf. Art. 80 1. der mit Baden und Hessen vereinb. Verf. (BGB. 1870 S. 647), des Vertr. mit Württemberg v. 25. Nov. 1870 Art. 2 Nr. 6 (BGB. 1870 S. 656) und des RG. v. 22. April 1871 § 2 I. 1 (BGB. 1871 S. 87).

3. Ad v.: Gewerbebetrieb.

a) Die Gewerbegesetzgebung des Reiches beginnt im Nordd. Bunde mit dem G. v. 8. Juli 1868, betr. den Betrieb der stehenden Gewerbe (BGB. 1868 S. 406), welchem alsbald die Gewerbe-O. für den Nordd. Bund v. 21. Juni 1869 (BGB. 1869 S. 245) folgte, durch welche das G. v. 8. Juli 1868 für die Zeit vom

---

[1]) Vgl. unten Anlage VII.

[2]) Vgl. v. Rönne's Staatsrecht des D. R., 2. Aufl., Bd. I. § 14 S. 117 ff. — Auf Grund des § 9 des G. über das Paßwesen v. 12. Okt. 1867 ist die Paßpflichtigkeit vorübergehend angeordnet worden: a) durch Kaiserl. V. v. 26. Juni 1878 (RGB. 1878 S. 131) für in Berlin ankommende Fremde und Neuanziehende; b) durch Kaiserl. V. v. 14. Juni 1879 (RGB. 1879 S. 155) für aus Rußland kommende Reisende, welche V. theilweise wieder aufgehoben worden ist durch Kaiserl. V. v. 29. Dez. 1880 (RGB. 1881 S. 1).

1. Okt. 1869 außer Anwendung gesetzt wurde. Die Gewerbe-O. ist demnächst nach Errichtung des D. Bundes durch Art. 80 Nr. II der Verf. des D. Bundes (BGB. 1870 S. 627) vom 1. Jan. 1871 als Bundesgesetz in Hessen südlich des Mains und, nachdem sie nach Errichtung des D. Reichs durch § 2 des G. v. 16. April 1871 (BGB. 1871 S. 63) zum Reichsgesetz erklärt worden, in Baden und Württemberg durch G. v. 10. Nov. 1871 (RGB. 1871 S. 392) vom 1. Jan. 1872 ab (vgl. auch die Vereinbarung mit Baden und Hessen über Gründung des D. Bundes v. 15. Nov. 1870 (BGB. 1870 S. 250), sowie den Vertrag mit Württemberg über dessen Beitritt zur Verf. des D. Bundes v. 25. Nov. 1870 und die Verhandlung von demselben Tage (BGB. 1870 S. 654) und in Bayern (mit einigen Abänderungen) durch G. v. 12. Juni 1872 (RGB. 1872 S. 170); vgl. auch den Vertrag über den Beitritt Bayerns zur Verf des D. Bundes v. 23. Nov. 1870 Nr III § 8 (BGB. 1871 S. 9) als Reichsgesetz in Kraft gesetzt. Seit dem 1. Jan. 1873 gilt die Gewerbe-O. demnach im ganzen Reiche mit Ausnahme von Elsaß-Lothringen, in welchem nur einzelne Bestimmungen derselben in Geltung getreten sind.

Die Gewerbe-O. für den Nordd. Bund hat im Laufe der Zeit durch Reichsgesetze so wesentliche Aenderungen erlitten, daß bei ihrer jüngsten Revision durch das G. v. 1. Juli 1883 (RGB. 1883 S. 159) für erforderlich erachtet wurde, den Text, wie er sich aus den eingetretenen Aenderungen ergiebt, von neuem festzustellen und mit der Ueberschrift „Gewerbe-O. für das D. Reich" durch das Reichsgesetzblatt (RGB. 1883 S. 177) bekannt zu machen.[1])

[1]) Der auf Grund des Art. 16 des G. v. 1. Juli 1883 durch Bekanntm. des Reichskanzlers v. 1. Juli 1883 (RGB. 1883 S. 177) veröffentlichte Text der „Gewerbe-O. des D. Reichs" findet sich auch mitgetheilt in Guttentag's Gesetzgebung des D. Reiches Bd. V S. 493 ff. Die Anmerkungen hierzu enthalten den Hinweis auf die die betreffenden Paragraphen der Gewerbe-O. abändernden Gesetze, weshalb hierauf hingewiesen wird.

b) Zur Gewerbe-O. v. 21. Juni 1869.

α) Zum § 6. αα) An die Stelle des Abs. 1 des § 6 sind die Bestimmungen des Art. 1 des RG. v. 23. Juli 1879 (RGB. 1879 S. 267) getreten. Die jetzige Fassung des § 6 beruht auf Art. 1 des RG. v. 1 Juli 1883 (RGB. 1883 S. 159).

ββ) Auf Grund der Bestimmung im Abs. 2 des § 6 ist die V. v. 25. März, betr. den Verkehr mit Apothekerwaaren (RGB. 1872 S. 85) ergangen, an deren Stelle jedoch die V. v. 4. Jan. 1875, betr. den Verkehr mit Arzneimitteln (RGB. 1875 S. 5) getreten, welche durch die V. v. 9. Febr. 1880, betr. den Verkehr mit künstlichen Mineralwässern (RGB. 1880 S. 13) und durch die V. v. 3. Jan. 1883, betr. den Verkehr mit Honigpräparaten (RGB. 1883 S. 1) ergänzt worden ist. Vgl. R Strafgesetzb. § 367 Nr. 3.

β) Zum § 16. Bei der neuen Redaktion der Gewerbe-O. gemäß Art. 16 des G. v. 1. Juli 1883 (RGB. 1883 S. 159) ist der § 16 derselben theils auf Grund von gemäß Abs. 3 des § 16 ergangenen Beschlüssen des Bundesraths und nach erfolgter Genehmigung des Reichstages, theils auf Grund eines Gesetzes abgeändert worden.

Vgl. folgende Bekanntm. des Reichskanzlers: v. 20. Juli 1873 (RGB. 1873 S. 299, RCB. 1873 S. 234) und RG. v. 2. März 1874 (RGB. 1874 S. 19); v. 26. Juli 1881 (RGB. 1881 S. 251) und v. 31. Jan. 1882 (RGB. 1882 S. 10); v. 12. Juli 1882 (RGB. 1882 S. 123) und 23. Dez. 1882 (RGB. 1882 S. 141) und v. 21. April 1883 (RGB. 1883 S. 33); v. 12. Juli 1884 (RGB. 1884 S. 118) und 4. Jan. 1885 (RGB. 1885 S. 2); v. 31 Jan. 1885 (RGB. 1885 S. 8) und 24. April 1885 (RGB. 1885 S. 92); v. 15 Febr. 1886 (RGB. 1886 S. 28) und 1. April 1886 (RGB. 1886 S. 68); und v. 16. Juni 1886 (RGB. 1886 S. 204).

γ) Zum § 24. Bekanntmachung des Reichskanzlers v. 29. Mai 1871, betr. allgemeine polizeiliche Bestimmungen über die Anlegung von Dampfkesseln (RGB. 1871 S. 122) und Bekanntmachung des Reichskanzlers v. 18. Juli 1883, betr.

Abänderung der allgem. polizeil. Bestimmungen über die Anlegung von Dampfkesseln v. 29. Mai 1871 (RGB. 1883 S. 245).

Vgl. für Elsaß-Lothringen die V. v. 3. Nov. 1884, betr. die Anlage und den Betrieb von Dampfkesseln (GB. f. Els.-Lothr. 1884 S. 113).

δ) Zum § 29.[1]) Der § 29 der Gewerbe-O. für das Deutsche Reich v. 21. Juni 1869 ist auch in Elsaß-Lothringen (vom 1. Okt. 1872 ab) eingeführt worden durch RG. v. 15. Juli 1872 (RGB. 1872 S. 350, GB. f. Els.-Lothr. 1872 S. 534. Vgl. dazu: G. v. 17. März 1884, betr. die Approbation für Apotheker und Aerzte (GB. f. Els.-Lothr. 1884 S. 14).

Auf Grund der Bestimmung des § 29 sind erlassen worden:

Bekanntmachung des Bundeskanzlers v. 25. Sept. 1869, betr. die Prüfung der Aerzte, Zahnärzte, Thierärzte und Apotheker. (BGB. 1869 S. 635). [Nur noch für die Prüfung der Zahnärzte in Gültigkeit.]

Bekanntmachung des Bundeskanzlers v. 9. Dez. 1869, betr. die Entbindung von den im § 29 der Gewerbe-O. vorgeschriebenen ärztlichen Prüfungen (BGB. 1869 S. 687).

Bekanntmachung des Bundeskanzlers v. 9. Dez. 1869, betr. die bei der Universität Gießen bestehende Veterinairanstalt und die mit der polytechnischen Schule in Braunschweig verbundene pharmazeutische Fachschule (BGB. 1869 S. 688).

---

[1]) Ueber die gegenseitige Zulassung der in den Grenzgemeinden wohnhaften Medizinalpersonen zur Ausübung der Praxis vgl. die Konvention zwischen dem D. Reiche und Belgien v. 7. Febr. 1873 (RGB. 1873 S. 55), die Uebereinkunft zwischen dem D. R. und den Niederlanden v. 11. Dez. 1873 (RGB. 1874 S. 99), die Uebereinkunft zwischen dem D. R. und Oesterreich-Ungarn v. 30. Sept. 1882, (RGB. 1883 S. 39), die Uebereinkunft zwischen Deutschland und Luxemburg v. 4. Juni 1883 (RGB. 1884 S. 19) und die Uebereinkunft zwischen Deutschland und der Schweiz v. 29. Febr. 1884 (RGB. 1884 S. 45).

Bekanntmachung des Reichskanzlers v. 21. Dez. 1871, betr. die Approbation für Aerzte, Zahnärzte, Thierärzte und Apotheker aus Württemberg und Baden (RGB. 1871 S. 472).

Bekanntmachung des Reichskanzlers v. 17. Mai 1872, betr. die Approbationen für Thierärzte und die Prüfung der Kandidaten der Thierheilkunde und der Pharmazie aus Württemberg, sowie der Besuch der polytechnischen Schulen in Stuttgart und Karlsruhe (RGB. 1872 S. 151).

Bekanntmachung des Reichskanzlers v. 28. Juni 1872, betr. die Prüfung der Aerzte, Zahnärzte, Thierärzte und Apotheker (RGB. 1872 S. 243).

Bekanntmachung des Reichskanzlers v. 19. Juli 1872, betr. die Approbationen für Aerzte, Zahnärzte, Thierärzte und Apotheker (RGB. 1872 S. 351, GB. f. Elf.-Lothr. 1872 S. 561).

Bekanntmachung des Reichskanzlers v. 9. März 1873, betr. die Prüfung Württembergischer Wundärzte zweiter Abtheilung im Fache der Geburtshülfe (RCBl. 1873 S. 74).

Bekanntmachung des Reichskanzlers v. 2. Juni 1883, betr. die ärztliche Prüfung und Bekanntmachung des Reichskanzlers vom gleichen Datum, betr. die ärztliche Vorprüfung (RCBl. 1883 S. 191 und 198).

Bekanntmachung des Reichskanzlers v. 15. April 1884, betr. die Dispensationen von den ärztlichen Prüfungsvorschriften (RCBl. 1884 S. 123).

Bekanntmachung des Reichskanzlers v. 25. März 1885, betr. Abänderung des § 29 der ärztlichen Prüfungsvorschriften v. 2. Juni 1883 (RCBl. 1885 S. 75).

Bekanntmachung des Reichskanzlers v. 15. Juli 1873, betr. die Prüfungen der Apotheker. (RGB. 1873 S. 299, GB. f. Elf.-Lothr. 1873 S. 247, RCBl. 1873 S. 254).

Bekanntmachung des Reichskanzlers v. 5. März 1875, betr die Prüfung der Apotheker (RGB. 1875 S. 174, RCBl. 1875 S. 167), wodurch alle früheren über die Prüfung der Apotheker ergangenen Bekanntmachungen aufgehoben sind.

Dazu: Bekanntmachung des Reichskanzlers v. 25. Dez. 1879, betr. die Abänderung der Bestimmungen über die Prüfung der Apotheker (RCBl. 1879 S. 850) und Bekanntmachung des Reichskanzlers v. 6. Mai 1884, betr. die Prüfung der Apotheker (RCBl. 1884 S. 155).

Bekanntmachung des Reichskanzlers v. 13. Nov. 1875, betr. die Bestimmungen über die Prüfung der Apothekergehülfen (RCBl. 1875 S. 761), nebst Bekanntmachung des Reichskanzlers v. 4. Febr. 1879, betr. die Abänderung der Bestimmungen über die Prüfung der Apothekergehülfen (RCBl. 1879 S. 91) und Bekanntmachung des Reichskanzlers v. 25. Dez. 1879, betr. die Abänderung der Bestimmungen über die Prüfungen der Apothekergehülfen (RCBl. 1879 S. 850).

Dazu: Bekanntmachungen des Reichskanzlers v. 23. Dez. 1882 (RCBl. 1882 S. 458) und v. 13. Jan. 1883 (RCBl. 1883 S. 12).

Bekanntmachung des Reichskanzlers v. 27. März 1878, betr. die Prüfung der Thierärzte (RGB. 1878 S. 10, RCBl. 1878 S. 160).

ε) Zum § 30 Abs. 1. An Stelle des Abs. 1 des § 30 sind die Bestimmungen des Art. 2 des RG. v. 23. Juli 1879 (RGB. 1879 S. 267) getreten.

ζ) Zum § 31. Auf Grund der Bestimmung des § 31 der Gewerbe-O. v. 21. Juni 1869 in Verbindung mit Art. 54 der Reichsverf. sind die Bekanntmachungen des Bundes- (Reichs-) kanzlers, betr. die Prüfung der Seeschiffer und Seesteuerleute auf Deutschen Kauffahrteischiffen, v. 25. Sept. 1869 (BGB. 1869 S. 660), v. 30. Mai 1870 (BGB. 1870 S. 314), v. 19. Juni 1875 (RCBl. 1875 S. 371), v. 25. Juni 1875 (RCBl. 1875 S. 376), v. 12. März 1885 (RGB. 1885 S. 82) und v. 2. Dez. 1885 (RGB. 1885 S. 319) erlassen.

Ueber die Zulassung ehemaliger Offiziere ꝛc. der Kaiserlichen Marine als Seeschiffer und Seesteuerleute auf Deutschen Kauffahrteischiffen vgl. die Bekanntmachung des Reichskanzlers v. 21. Dez. 1874 (RCBl. 1875 S. 51).

Vgl. Anm. 3 zum Art. 54 der Reichsverfassung.

Das RG v. 11. Juni 1878 (RGB. 1878 S. 109) verordnet, daß die Bestimmungen, welche in der Gewerbe-O. in Bezug auf Seesteuerleute getroffen sind, auf Maschinisten der Seedampfschiffe gleichfalls Anwendung finden. — In Ausführung dieses Gesetzes ist die Bekanntmachung des Reichskanzlers v. 30. Juni 1879, betr die Prüfung der Maschinisten auf Seedampfschiffen der Deutschen Handelsflotte (RCBl. 1879 S. 427) erlassen. Vgl. dazu: Bekanntmachung des Reichskanzlers v. 23. Dez. 1879 (RCBl. 1879 S. 851) und Bekanntmachung v. 16. April 1885 (RCBl. 1885 S. 164).

η) Zum § 32 RG. v. 15. Juli 1880, betr. die Abänderung des § 32 der Gewerbeordnung (RGB. 1880 S. 179).

ϑ) Zum § 33. An Stelle des Abs. 3 § 33 ist die Bestimmung des Art. 3 des RG. v. 23. Juli 1879 (RGB. 1879 S. 268) getreten.

ι) Zum § 34. An Stelle des § 34 sind die Bestimmungen des Art. 4 Ziffer I. des RG. v. 23. Juli 1879 (RGB. 1879 S. 268) getreten.

κ) Zum § 35. Der § 35 ist abgeändert durch den Art. 4 Ziffer II. des RG. v. 23. Juli 1879 (RGB. 1879 S. 209).

λ) Zum § 38. An Stelle des § 38 sind die Bestimmungen des Art. 4 Ziffer III. des RG. v. 23. Juli 1879 (RGB. 1879 S. 269) getreten.

μ) Zum Tit. III. (§§ 55—63). Die jetzige Fassung des ganzen Tit. III. beruht auf Art. 11 des G. v. 1. Juli 1883 (RGB. 1883 S. 165 ff.). Die im Abs. 3 des § 57 ursprünglicher Fassung vorbehaltenen Bestimmungen des Bundesraths sind zunächst durch die Bekanntmachungen des Reichskanzlers v. 17. Jan. 1871 (BGB. 1871 S. 27) und 31. Dez. 1871 (RGB. 1872 S. 2) veröffentlicht, demnächst aber durch diejenigen des Reichskanzlers v. 4. Jan. 1873 (RCBl. 1873 S. 2) ersetzt. Seit dem 1. Jan. 1878 kamen an Stelle der letzteren die Bestimmungen der Bekanntmachung des Reichskanzlers v. 7. März 1877 (RCBl. 1877 S. 142) zur Anwendung. Ueber die jetzt geltenden, auf

Grund des neuen § 56d erlassenen Bestimmungen vgl. die Bekanntmachung des Reichskanzlers v. 31. Okt. 1883 (RCBl. 1883 S. 305).

ν) Zu den §§ 97—104. Die Bestimmungen der §§ 97 bis 100e Abs. 1 Nr. 1, 2 und Abs. 2, §§ 101 bis 104g beruhen auf dem G. v. 18. Juni 1881, betr. die Abänderung der Gewerbe-O. (RGB. 1881 S. 223); die Nr. 3 im § 100e ist durch das RG. v. 8. Dez. 1884 (RGB. 1884 S. 255) eingeschaltet.

ξ) Zum § 104. Durch das RG. v. 23. April 1886 (RGB. 1886 S. 125) sind hinter § 104g der Gewerbe-O. neue Bestimmungen unter der Bezeichnung §§ 104h bis 104o eingeschaltet.

ο) Zum Tit. VII. (§§ 105—139). Die jetzige Fassung des Tit VII. beruht bezüglich der Ueberschrift und der §§ 105 bis 107, 109 bis 136, 137 Abs. 2, 3, 138 bis 139b auf dem RG. v. 17. Juli 1878 (RGB. 1878 S. 199), bezüglich des § 108 und des Abs. 1 des § 137 auf Art. 13 des RG. v. 1. Juli 1883 (RGB. 1883 S. 172). Durch das RG. v. 17 Juli 1878 ist der Tit. VII durch neue Bestimmungen (§§ 105 bis 139b) ersetzt.

π) Zum § 139a. Auf Grund der Ermächtigung in Abs. 1 und 2 des § 139a sind von dem Bundesrathe folgende Bestimmungen erlassen und durch Bekanntmachungen des Reichskanzlers veröffentlicht worden:

αα) Bekanntmachung v. 23. April 1879, betr. die Beschäftigung von Arbeiterinnen und jugendlichen Arbeitern in Walz- und Hammerwerken (RCBl. 1879 S. 303).

ββ) Bekanntmachung v. 23. April 1879, betr. die Beschäftigung von Arbeiterinnen und jugendlichen Arbeitern in Glashütten (RCBl. 1879 S. 304).

γγ) Bekanntmachung v. 20. Mai 1879, betr. die Beschäftigung jugenlicher Arbeiter in Spinnereien (RCBl. 1879 S. 362).

δδ) Bekanntmachung v. 10. Juli 1881, betr. die Beschäftigung jugendlicher Arbeiter auf Steinkohlenbergwerken (RCBl. 1881 S. 275).

εε) Bekanntmachung v. 3. Febr. 1886, betr. die Beschäftigung von Arbeiterinnen und jugendlichen Arbeitern in Drahtziehereien mit Wasserbetrieb (RGB. 1886 S. 24).

ζζ) Bekanntmachung v. 12. April 1886, betr. die Einrichtung und den Betrieb der Bleifarben- und Bleizuckerfabriken (RGB. 1886 S. 69).

ηη) Vgl. RG. v. 13. Mai 1884, betr. die Anfertigung und Verzollung von Zündhölzern (RGB. 1884 S. 49).

ρ) Zum Tit. VIII. (§§ 140, 141). Der Tit. VIII. der Gewerbe-O. f. d. Nordd. Bund bestand aus den §§ 140, 141, von denen nur der erstere noch gilt. An die Stelle des § 141 sind durch Art. 1 des RG. v. 8. April 1876, betr. die Abänderung des Art. VIII. der Gewerbe.O. (RGB. 1876 S. 134) die §§ 141 bis 141f gesetzt, welchen sich die Bestimmungen des Art. 2 des RG. v. 8. April 1876 (Hülfskassen) anschlossen. Durch § 87 des RG. v. 15. Juni 1883, betr. die Krankenversicherung der Arbeiter (RGB. 1883 S. 73) ist das G. v. 8. April 1876 aufgehoben und es sind die auf Grund des Art. 1 §§ 141a, 141c, 141e desselben getroffenen statutarischen Bestimmungen, soweit sie den Vorschriften des RG. v. 15. Juni 1883 zuwiderlaufen, außer Kraft gesetzt.

Ueber die eingeschriebenen Hülfskassen vgl. das RG. v. 7. April 1876 (RGB. 1876 S. 125) und das RG. v. 1. Juni 1884, betr. die Abänderung des letztgedachten Gesetzes (RGB. 1884 S. 54. Dazu: Bekanntmachungen des Reichskanzlers v. 14. Febr. 1877 (RCBl. 1877 S. 99) und v. 16. Okt. 1884 (RCBl. 1884 S. 266).

σ) Zu den §§ 146, 147, 148, 149, 154. Vgl. die abändernden RG. v. 12. Juni 1872 (RGB. 1872 S. 170), v. 17. Juli 1878 Art. 2 (RGB. 1878 S. 210), v. 18. Juli 1881 Art. 2 (RGB. 1881 S. 244) und v. 1. Juli 1883 Art. 14 (RGB. 1883 S. 173).

4. Ad. v.: Versicherungswesen.

a. In dem Schlußprotokoll zu dem Vertr. v. 23. Nov. 1870, betr. den Beitritt Bayerns zur Verf. des D. Bundes ist unter IV. vorbehalten worden, daß, wenn sich die Reichsgesetzgebung mit dem Immobiliar-Versicherungswesen befassen sollte, die vom Reiche zu erlassenden gesetzlichen Bestimmungen in Bayern nur mit Zustimmung der Bayerischen Regierung Geltung erlangen können. (BGB. 1871 S. 25[1]).

b. α) RG. v. 15. Juni 1883, betr. die Krankenversicherung der Arbeiter (RGB. 1883 S. 73). RG. v. 28. Jan. 1885, betr. die Abänderung des Gesetzes v. 15. Juni 1883 über die Krankenversicherung der Arbeiter (RGB. 1885 S. 5).

β) Unfallversicherungsgesetz v. 6. Juli 1884 (RGB. 1884 S. 69).

Dazu:

αα) Bekanntmachung des Reichskanzlers v. 22. Jan. 1885, betr. die Unfallversicherung von Arbeitern und Betriebsbeamten in Betrieben, welche sich auf die Ausführung von Bauarbeiten erstrecken (RGB. 1885 S. 13).

Bekanntmachung des Reichskanzlers v. 27. Mai 1886, betr. die Unfallversicherungspflicht von Arbeitern und Betriebsbeamten in Betrieben, welche sich auf die Ausführung von Bauarbeiten erstrecken (RGB. 1886 S. 190).

ββ) (Zum § 50.) V. v. 2. Nov. 1885 über das Verfahren vor den auf Grund des Unfallversicherungsgesetzes errichteten Schiedsgerichten (RGB. 1885 S. 279).

γγ) (Zum § 90.) V. v. 5. Aug. 1885, betr. die Formen des Verfahrens und den Geschäftsgang des Reichsversicherungsamtes (RGB. 1885 S. 255).

γ) RG. v. 28. Mai 1885 über die Ausdehnung der Unfall- und Krankenversicherung (RGB. 1885 S. 159).

V. v. 25. Sept. 1885, betr. die Inkraftsetzung des Unfallgesetzes v. 6. Juli 1884 und die theilweise Inkraftsetzung des Gesetzes über die Ausdehnung der Krankenversicherung v. 28. Mai 1885 (RGB. 1885 S. 271).

---

[1]) Vgl. unten Anlage VII.

V. v. 24. Juni 1886, betr. die Inkraftsetzung des Gesetzes über die Ausdehnung der Unfall- und Krankenversicherung v. 28. Mai 1885 (RGB. 1886 S. 205).

δ) RG. v. 5. Mai 1886, betr. die Unfall- und Krankenversicherung der in land- und forstwirthschaftlichen Betrieben beschäftigten Personen (RGB. 1886 S. 132).

ε) RG. v. 15. März 1886, betr. die Fürsorge für Beamte und Personen des Soldatenstandes in Folge von Betriebsunfällen (RGB. 1886 S. 53).

ζ) Das Krankenversicherungsgesetz v. 15. Juni 1883 und das Unfallversicherungsgesetz v. 6. Juli 1884 sind mit sämmtlichen zu denselben erlassenen Ausführungsbestimmungen mitgetheilt in Guttentag's Gesetzgebung des Deutschen Reichs Bd. V S. 426—459 und S. 772—863.

2) die Zoll- und Handelsgesetzgebung und die für die Zwecke des Reichs zu verwendenden Steuern;

Vgl. hinsichtlich der hierauf bezüglichen Gesetzgebung die Anm. zu den Art. 35 und 70 der Reichsverfassung.

3) die Ordnung des Maaß-, Münz- und Gewichtssystems [1]), nebst Feststellung der Grundsätze über die Emission von fundirtem und unfundirtem Papiergelde;

1. Ad v.: Maaß-, Münz- und Gewichtssystem [2]).

a. Maaß- und Gewichts-O. für den Nordd. Bund, v. 17. Aug. 1868 (BGB. 1868 S. 473). Auch gültig für Baden und Südhessen zuf. Art. 80 I. 11 der mit Baden und Hessen vereinbarten Verf. (BGB. 1870 S. 647) und für Württemberg, zuf. Art. 2 Nr. 6

---

[1]) Vgl. v. Rönne's Staatsrecht des D. R., 2. Aufl., Bd. II. Abth. 1 §§ 95 u. 96 S. 241 ff.

[2]) Vgl. die internationale Meterkonvention v. 20. Mai 1875. (RGB. 1876 S. 191 ff.) Dazu: Bekanntmachung des Reichskanzlers v. 30. Dez. 1884 (RGB. 1885 S. 1) und v. 9. Nov. 1885 (RGB. 1885 S. 287).

des Vertr. v. 25. Nov. 1870 (BGB. 1870 S. 656). In Bayern mit Modifikationen eingeführt durch RG. v. 26. Nov. 1871. (RGB. 1871 S. 397). Seit dem 1. Jan. 1872 im ganzen Reichsgebiete, mit Ausnahme von Elsaß-Lothringen, in Kraft getreten. In Elsaß-Lothringen mit Modifikationen eingeführt durch RG. v. 19. Dez. 1874 (RGB. 1875 S. 1, GB. f. Elf.-Lothr. 1875 S. 1).

Dazu:

α) G. des Nordd. Bundes v. 10. März 1870 wegen Ergänzung der Maaß- und Gewichts-O. für den Nordd. Bund, v. 17. Aug. 1868 (BGB. 1870 S. 46 [1]).

β) RG. v. 7. Dez. 1873, betr. die Abänderung der Maaß- und Gewichts-O. für den Nordd. Bund, v. 17. Aug. 1868. (RGB. 1873 S. 377).

γ) RG. v. 11. Juli 1884, betr. die Abänderung der Maaß- und Gewichts-O. v. 17. Aug. 1868 (RGB. 1884 S. 115).

Dazu: Bekanntmachung des Reichskanzlers v. 30. Okt. 1884, betr. die Ausführung der Bestimmungen im § 2 des G. v. 11. Juli 1884 (RGB. 1884 S. 215) und die auf Grund des § 3 des G. v. 11. Juli 1884 erlassene Bekanntmachung der Normal-Aichungskom. v. 30. Dez. 1884, betr. die Zulassungsfristen für ältere Maaße, Meßwerkzeuge, Gewichte und Waagen (abgedruckt als besondere Beilage zu Nr. 5 des RGB. 1885 hinter S. 14) und Bekanntmachung der Normal-Aichungskom. v. 29. April 1886, betr. die Zulassungsfristen für ältere Waagen (abgedruckt in der besonderen Beilage zu Nr. 15 des RGB. 1886 hinter S. 180).

δ) Bekanntmachung des Bundeskanzlers v. 16. Febr. 1869, betr. die Errichtung einer Normal-Aichungskommission in Berlin (BGB. 1869 S. 46) [2]).

---

[1]) Dieses Gesetz des Nordd. Bundes hat seine praktische Bedeutung dadurch verloren, daß jetzt die Maaß- und Gewichts-O. v. 17. Aug. 1868 auch in den Südd. Staaten in Geltung getreten ist.

[2]) Vgl. das Preuß. G. v. 26. Nov. 1869, betr. die Eichungsbehörden (Pr. G. 1869 S. 1165).

ε) In Folge der Abänderung der Maaß- und Gewichts-O. v. 17. Aug. 1868 hat die Kaiserl. Normal-Aichungskommission erlassen[1]:

αα) Aich.-O. f. das D. Reich v. 27 Dez. 1884 (abgedruckt als besondere Beilage zu Nr. 5 des RGB. von 1885 hinter S. 14) — unter Aufhebung der Aich.-O. v. 16. Juli 1869 (BGB. 1869 Beilage zu Nr. 32) und der Bekanntmachung v. 23. Febr. 1870 (RGBl. 1870 Beilage zu Nr. 20), sowie der sämmtlichen Ergänzungen und Nachträge zu jener Aich.-O., jedoch mit Ausschluß der auf Medizinalwaagen und Medizinalgewichte bezüglichen Bekanntmachungen v. 17. Juni 1875 und v. 24. Okt. 1882 (RCB. 1875 S. 374 u RCB. 1882 S. 418).

ββ) Aichgebührentaxe v 28. Dez. 1884 (abgedruckt als besondere Beilage zu Nr. 5 des RGB. von 1885 hinter S. 14) — unter Aufhebung der Aichgebührentaxe v. 12. Dez. 1869 (BGB. 1869 Beilage zu Nr. 40 und RCB. 1873 S. 135) und aller Nachträge zu derselben.

Außerdem hat die Normal-Aichungskommission unterm 10. Nov. 1885 Bestimmungen betr. die Prüfung von Thermometern (RCB. 1885 S. 536) erlassen.

Endlich hat der Reichskanzler die Bekanntmachung v. 27. Juli 1885, betr die äußersten Grenzen der im öffentlichen Verkehr noch zu duldenden Abweichungen der Maaße und Meßwerkzeuge, Gewichte und Waagen von der absoluten Richtigkeit (RGB. 1885 S. 263) erlassen, wodurch die Bekanntmachungen v. 6. Dez. 1869, v. 16. Aug. 1871, v. 14. Dez. 1872, v. 11. u. 26. Juli 1875 und v. 12. März 1881 (BGB. 1869 S. 698, RGB. 1871 S. 328, 1873 S. 3, RCB. 1875 S. 436 u. RGB. 1875 S. 257, RCB. 1881 S. 98) aufgehoben sind.

[1]) Laut Bekanntmachung des Reichskanzlers v. 26. März 1877 (RGB. 1877 S. 408) werden die von der Normal-Aich.-Kom. zur Abänderung der Aich.-O. getroffenen Bestimmungen durch das CB. des D. R. veröffentlicht.

Vgl. Bekanntmachung des Reichskanzlers v. 22. März 1876, betr. die aichamtliche Behandlung vorschriftswidriger Maaße, Gewichte und sonstiger Meßwerkzeuge (RGB. 1876 S. 123, RCB. 1876 S. 185).

ζ) RG. v. 20. Juli 1881, betr die Bezeichnung des Raumgehaltes der Schankgefäße (RGB. 1881 S. 249).

η) RG. v. 16. Juli 1884 über den Feingehalt der Gold- un Silberwaaren (RGB. 1884 S. 120).

Dazu: Bekanntmachung des Reichskanzlers v. 7. Jan. 1886, betr. die Bestimmung der Form des Stempelzeichens zur Angabe des Feingehalts auf goldnen und silbernen Geräthen (RGB. 1886 S. 1).

b) α) RG. v. 4. Dez. 1871, betr. die Ausprägung von Reichsgoldmünzen (RGB. 1871 S. 404).

β) R.Münzgesetz v. 9. Juli 1873. (RGB. 1873 S. 233).

Durch RG. v. 15. Nov. 1874 sind die beiden Gesetze v. 4. Dez. 1871 und v. 9. Juli 1873 auch (mit einzelnen Maßgaben) auf Elsaß-Lothringen ausgedehnt worden (RGB. 1874 S. 131, GB. f. Els.-Lothr. 1874 S. 39).

Dazu:

αα) RG. v. 20. April 1874 (RGB. 1874 S. 35) und RG. v. 6. Jan. 1876 (RGB. 1876 S. 3), betr. die Abänderung des Art. 15 des Münzgesetzes v. 9. Juli 1873.

ββ) RG. v. 1. April 1886, betr. die Ausprägung einer Nickelmünze zu zwanzig Pfennig (RGB. 1886 S. 67)

γγ) V. v. 22. Sept. 1875, betr. die Einführung der Reichswährung (RGB. 1875 S. 303[1]).

δδ) Allerh. Erl. v. 17. Febr. 1875, betr. die einheitliche Benennung der Reichsgoldmünzen (RGB. 1875 S. 72).

εε) Vgl. die Uebersicht der auf Grund der Art. 13 und 16 des Münzgesetzes v. 9. Juli 1873 erlassenen Bestim-

---

[1]) Ueber die in einzelnen Bundesstaaten schon vor Erlaß dieser Verordn. im Verordnungswege erfolgte Einführung der Reichswährung vgl. v. Rönne's Staatsrecht des D. R., 2. Aufl., Bd. II. Abth. 1 § 96 S. 253 Note 5.

mungen des Bundesrathes über das Verbot des Umlaufes fremder Münzen, beziehungsweise über die Außerkurssetzung von Landesmünzen in v. Rönne's Staatsrecht des D. R., 2. Aufl., Bd. II. Abth. 1 § 96 S. 261 Note 2 und 3 und Bekanntmachung des Reichskanzlers v. 22. Febr. 1878 (RGB. 1878 S. 3).

2. Ad. v.: Papiergeld[2]).

a) BG. v 16. Juni 1870 über die Ausgabe von Papiergeld. (BGB. 1870 S. 507). Auch gültig für Baden und Südhessen, zuf. Art. 80 I. Nr. 27 der mit denselben vereinbarten Verf. (BGB. 1870 S. 647), für Württemberg v. 1 Jan. 1872 an, zuf. Art. 2 Nr. 6 des Vertr. v. 25. Nov. 1870 (BGB. 1870 S. 656) und für Bayern v. 1. Jan. 1872 an, zuf. § 2 unter III. 2 des RG. v. 22. April 1871 (BGB. 1871 S. 88).

b) R.Münzgesetz v. 9. Juli 1873 Art. 18 (RGB. 1873 S. 233).

c) RG v. 30. April 1874, betr. die Ausgabe von Reichskassenscheinen (RGB. 1874 S. 40).

Dazu:

α) RG. v. 21. Juli 1884, betr. die Einziehung der mit dem Datum v. 11. Juli 1874 ausgefertigten Reichskassenscheine (RGB. 1884 S. 172).

β) RG. v. 26. Mai 1885, betr den Schutz des zur Anfertigung von Reichskassenscheinen verwendeten Papiers gegen unbefugte Nachahmung (RGB. 1885 S. 165).

d) BG. v. 21. Juli 1870, betr die Gründung öffentlicher Darlehnskassen und die Ausgabe v. Darlehnskassenscheinen (BGB. 1870 S. 499) und RG. v. 6. März 1878, betr. die Einlösung und Präklusion der von dem vormaligen Nordd. Bunde ausgegebenen Darlehnskassenscheine (RGB. 1878 S. 5).

4) die allgemeinen Bestimmungen über das Bankwesen[2]);

---

[1]) Vgl. v. Rönne's Staatsrecht des D. R., 2. Aufl., Bd. II. Abth. 1 § 97 S. 265 ff.

[2]) Vgl. v. Rönne's Staatsrecht des D. R., 2. Aufl., Bd. II. Abth. 1 § 98 S. 268 ff.

a) BG. v. 27. März 1870 über die Ausgabe von Banknoten (BGB. 1870 S. 51). Auch gültig für Baden und Südhessen, v. 1. Jan. 1872 an, zuf. Art. 80 unter II. 1 der mit Baden und Hessen vereinbarten Verf. (BGB. 1870 S. 647), für Württemberg, zuf. Art. 2 Nr. 6 des Vertr. v. 25. Nov. 1870 (BGB. 1870 S. 656), und für Bayern, zuf. § 2 unter III. 1 des RG. v. 22. April 1871 (BGB. 1871 S. 87).

Dazu:

α) RG. v. 16. Juni 1872, betr. die Verlängerung der Wirksamkeit des Gesetzes über die Ausgabe von Banknoten, v. 27. März 1870 (RGB. 1872 S. 169) und RG. v. 30. Juni 1873, betr. die Verlängerung der Wirksamkeit des Gesetzes über die Ausgabe von Banknoten v. 27 März 1870 (RGB. 1873 S. 159) bis zum 31. Dez. 1874.

β) R.Münzgesetz vom 9. Juli 1873 Art. 18. (RGB. 1873 S. 239).

γ) RG. v. 21. Dez. 1874, betr. die Ausgabe von Banknoten (RGB. 1874 S. 193).

b) G. v. 4. Juli 1871, betr. den Betrieb von Bankgeschäften in Elsaß-Lothringen durch die Pr. Bank (GB. f. Elf.-Lothr. 1871 S. 3[1]).

c) Bankgesetz v. 14. März 1875 (RGB. 1875 S. 177).

Dazu:

α) Statut der Reichsbank v. 21. Mai 1875 (RGB. 1875 S. 203).

β) Vertrag zwischen Preußen und dem Deutschen Reiche über die Abtretung der Preußischen Bank an das Deutsche Reich, v. 17./18. Mai 1875 (RGB. 1875 S. 215).

---

[1]) Vgl. Preuß. V. v. 10. Juni 1871, betr. die Errichtung von Bankkomptoiren, Kommanditen und Agenturen in Elsaß und in Lothringen durch die Preuß. Bank (Preuß. GS. 1871 S. 229), welche aufgehoben ist durch die V. v. 26. Febr. 1872 (Preuß. GS. 1872 S. 182) und das (an Stelle dieser V. getretene) Preuß. G. v. 26. Febr. 1872, betr. die V. v. 10. Juni 1871 und die Ausdehnung der Geschäfte der Preuß. Bank auf das Deutsche Reichsland Elsaß und Lothringen (Preuß. GS. 1872 S. 181).

γ) Bekanntmachungen des Reichskanzlers, betr. die Anwendung der §§ 42 und 43 des Bankgesetzes v. 29. Dez. 1875 (RGB. 1875 S. 390), v. 7 Jan. 1876 (RGB. 1876 S. 2) u. 3. Sept. 1879 (RGB. 1879 S. 286).

δ) Bekanntmachungen des Reichskanzlers v. 1. April 1876 (RGB. 1876 S. 124), 23. Juli 1876 (RGB. 1876 S. 170) v. 13. Okt. 1877 (RGB. 1877 S. 567) und v. 25. Juli 1886 (RGB. 1886 S. 236), betr. den Antheil der Reichsbank an dem Gesammtbetrage des steuerfreien ungedeckten Notenumlaufs.

ε) Bekanntmachung des Reichskanzlers v. 7. Juni 1877, betr. den Aufruf und die Einziehung der Einhundertmarknoten der Bayerischen Hypotheken- und Wechselbank (RGB. 1877 S. 527), Bekanntmachungen des Reichskanzlers v. 19. Dez. 1877, v. 9. April 1878 und v. 19. Okt. 1878, betr. den Aufruf und die Einziehung der Einhundertmarknoten der Rostocker Bank (RGB. 1877 S. 575 u. 1878 S. 11 u. 350), Bekanntmachungen v. 15. März und 10. April 1878, betr. den Aufruf und die Einziehung der von der vormaligen Königl. Bank ausgegebenen Einhundertmarknoten (RGB. 1878 S. 6 u. 12) und Bekanntmachung v. 8. Aug. 1886, betr. den Aufruf und die Einziehung der Einhundertmarknoten der Kommerzbank in Lübeck (RGB. 1886 S. 259).

5) die Erfindungspatente[1];

a) Vgl. Uebereinkunft der zum Zoll- und Handelsverein verbundenen Regierungen v. 21. Sept. 1842 wegen Ertheilung von Erfindungspatenten und Privilegien (Preuß. GS. 1843 S. 265) und Zollvereinsvertrag v. 8. Juli 1867 Art. 21 (BGB. 1867 S. 103), desgl. Preuß. V. v. 24. Juni 1867, betr. die Einführung der Preuß. Gesetzgebung über die Ertheilung von Erfindungs- und Einführungspatenten in den Herzogthümern Schleswig und Holstein (Preuß. GS. 1867 S. 1113).

---

[1]) Vgl. v. Rönne's Staatsrecht des D. Reichs, 2. Aufl., Bd. I. § 16 S. 162 ff. und Bd. II. Abth. 2 S. 319 ff. und 331 ff.

b) Für Elsaß-Lothringen vgl. G. v. 13. Nov. 1872 (GB. f. Elf.-Lothr. 1872 S. 774) und V. v. 13. Nov. 1872 (a. a. O. S. 775).

c) Patentgesetz v. 25. Mai 1877 (RGB. 1877 S. 501).

Dazu: V. v. 18. Juni 1877, betr. die Einrichtung, das Verfahren und den Geschäftsgang des Patentamtes (RGB. 1877 S. 533), und V. v. 1. Mai 1878, betr. das Berufungsverfahren beim Reichsoberhandelsgericht in Patentsachen (RGB. 1878 S. 90).

6) der Schutz des geistigen Eigenthums [1]);

a) BG. v. 11. Juni 1870, betr. das Urheberrecht an Schriftwerken, Abbildungen, musikalischen Kompositionen und dramatischen Werken (BGB. 1870 S. 339). Auch gültig für Baden und Südhessen, zuf. Art. 80 unter I. Nr. 25 der mit diesen Staaten vereinbarten Verf. (BGB. 1870 S. 647), für Württemberg, zuf. des Vertr. v. 25. Nov. 1870 Art. 2 Nr. 6 (BGB. 1870 S. 656) für Bayern, zuf. § 11 des RG. v. 22. April 1871 (BGB. 1871 S. 90) und für Elsaß-Lothringen, zuf. RG. v. 27. Jan. 1873 (RGB. 1873 S. 42, GB. f. Elf.-Lothr. 1873 S. 19).

Dazu: Instr. über die Sachverständigen-Vereine v. 12. Dez. 1870 (BGB. 1870 S. 621, GB. f. Elf.-Lothr. 1873 S. 34), nebst Bekanntmachung des Reichskanzlers v. 16. Juli 1879, betr. die Abänderung des § 6 der Instr. v. 12. Dez. 1870 (RGB. 1879 S. 226, RCB. 1879 S. 490).

b) RG. v. 9. Jan. 1876, betr. das Urheberrecht an Werken der bildenden Künste (RGB. 1876 S. 4).

c) RG. v. 10. Jan. 1876, betr. den Schutz von Photographien gegen unbefugte Nachbildung (RGB. 1876 S. 8).

d) RG. v. 11. Jan. 1876, betr. das Urheberrecht an Mustern und Modellen (RGB. 1876 S. 11).

Dazu (zu b—d): Bestimmungen des Reichskanzleramtes v. 29. Febr. 1876 über die Zusammensetzung und den Ge-

---

[1]) Vgl. v. Rönne's Staatsrecht des D. Reichs, 2. Aufl. Bd. I. § 16 S. 160 ff. u. Bd. II. Abth. 1 § 105 S. 97 ff. u. Bd. II. Abth. 2 S. 319.

schäftsbetrieb der künstlerischen, photographischen und gewerblichen Sachverständigenvereine, über die Inventarisirung und Stempelung der nach der bisherigen Gesetzgebung rechtmäßig angefertigten Vorrichtungen zur Herstellung von Werken der bildenden Künste, über die Führung der Eintragsrolle für Werke der bildenden Künste, und über die Führung des Musterregisters (RCBl. 1876 S. 117—126), nebst Bekanntmachung des Reichskanzlers v. 16. Juli 1879, betr. die Abänderung des § 4 der Bestimmungen v. 29. Febr. 1876 über die Zusammensetzung und den Geschäftsbetrieb der künstlerischen, photographischen und gewerblichen Sachverständigenvereine (RCBl. 1879 S. 490) und Nachtrag v. 23. Juli 1876 zu den Bestimmungen über die Führung des Musterregisters (RCBl. 1876 S. 404).

e) RG. v. 30. Nov. 1874 über Markenschutz (RGB. 1874 S. 143).

α) Uebereinkunft zwischen dem Nordd. Bunde und Italien wegen gegenseitigen Schutzes der Rechte an literarischen Erzeugnissen und Werken der Kunst, v. 12. Mai 1869 (BGB. 1869 S. 293), an deren Stelle die Uebereinkunft zwischen Deutschland und Italien, betr. den Schutz von Werken der Literatur und Kunst v. 20. Juni 1884 (RGB. 1884 S. 193) getreten ist.

Uebereinkunft zwischen dem Nordd. Bunde und der Schweiz wegen gegenseitigen Schutzes der Rechte an literarischen Erzeugnissen und Werken der Kunst v. 13. Mai 1869 (BGB. 1869 S. 624).

Bekanntmachung v. 19. Sept. 1873, betr. die Ausdehnung der Wirksamkeit der am 13. Mai 1869 zwischen dem Nordd. Bunde und der Schweiz abgeschlossenen Uebereinkunft wegen gegenseitigen Schutzes der Rechte an literarischen Erzeugnissen und Werken der Kunst auf das Verhältniß zwischen Elsaß-Lothringen und der Schweiz. (GB. f. Elf.-Lothr. 1873 S. 252).

Verabredung zwischen Deutschland und der Schweiz v. 23. Mai 1881, betr. den gegenseitigen Schutz der Rechte von literarischen Erzeugnissen und Werken der Kunst (RGB. 1881 S. 171).

Uebereinkunft zwischen Deutschland und Frankreich, betr. den Schutz von Werken der Literatur und Kunst v. 19. April 1883 (RGB. 1883 S. 269).

Uebereinkunft zwischen Deutschland und Belgien, betr. den Schutz von Werken der Literatur und Kunst v. 12. Dez. 1883 (RGB. 1884 S. 173).

Uebereinkunft zwischen Deutschland und Großbritannien, betr. den gegenseitigen Schutz der Rechte von Werken der Literatur und Kunst v 2. Juni 1886 (RGB. 1886 S. 237).

β) Ueber den gegenseitigen Schutz der Waarenbezeichnungen und den gegenseitigen Markenschutz vgl. die Uebersicht der betr. Verträge Deutschlands mit fremden Staaten in dem Hauptsachregister zum B. und RGB. von 1867—1876 S. 139 s. v.: Markenschutz, u. S. 247 s. v.: Waarenzeichen und die Anmerk. 8 zum § 16 des RG. v. 11. Jan. 1876 in Guttentag's Gesetzgebung des D. R. Bd. III S. 741 und Bekanntmachungen des Reichskanzlers v. 28. Febr. 1877, betr. die Uebereinkunft mit Brasilien wegen gegenseitigen Markenschutzes (RGB. 1877 S. 406), v. 4. April 1879, betr. die Uebereinkunft mit Dänemark wegen gegenseitigen Markenschutzes (RGB. 1879 S. 123), v. 19. Jan. 1882, betr. die Uebereinkunft mit den Niederlanden wegen gegenseitigen Schutzes der Waarenzeichen (RGB. 1882 S. 5), v. 27. Jan. 1882, betr. die Uebereinkunft mit Rumänien wegen gegenseitigen Markenschutzes (RGB. 1882 S. 7), v. 2. Aug. 1883, betr. die Uebereinkunft mit Luxemburg wegen gegenseitigen Markenschutzes (RGB. 1883 S. 268), v. 8. Dez. 1883, betr. die Uebereinkunft mit den vereinigten Staaten von Venezuela wegen gegenseitigen Markenschutzes (RGB. 1883 S. 339), v. 7 Juli 1886, betr. die Uebereinkunft mit Serbien wegen gegenseitigen Markenschutzes (RGB. 1886 S. 231). Ferner: Uebereinkunft zwischen Deutschland und Belgien v. 12. Dez. 1883, betr. den Schutz der gewerblichen Muster und Modelle (RGB. 1884 S. 188). Bezüglich Oesterreich-

Ungarns vgl. Art. 20 des Handelsvertrages v. 23. Mai 1881 und Schlußprotokoll zum Art. 20 (RGB. 1881 S. 129 u. 150).

7) Organisation eines gemeinsamen Schutzes des Deutschen Handels im Auslande, der Deutschen Schiffahrt und ihrer Flagge zur See und Anordnung gemeinsamer konsularischer Vertretung, welche vom Reiche ausgestattet wird;

a. Vgl. Art. 54 u. 55 und Art. 56 der Reichsverfassung und die Anm. dazu.

b. RG. v. 17. April 1886, betr. die Rechtsverhältnisse der Deutschen Schutzgebiete (RGB. 1886 S. 75).

V. v. 5. Juni 1886, betr die Rechtsverhältnisse in dem Schutzgebiete der Neu-Guinea-Kompagnie (RGB. 1886 S. 187).

V. v. 13. Sept. 1886, betr. die Rechtsverhältnisse in dem Schutzgebiete der Marschall-, Brown- und Providence-Inseln (RGB. 1886 S. 291).

8) das Eisenbahnwesen, in Bayern vorbehaltlich der Bestimmung im Artikel 46., und die Herstellung von Land- und Wasserstraßen im Interesse der Landesvertheidigung und des allgemeinen Verkehrs;

Vgl. Art. 41—46 und Art. 54 der Reichsverfassung und die Anm. dazu.

9) der Flößerei- und Schiffahrtsbetrieb auf den mehreren Staaten gemeinsamen Wasserstraßen und der Zustand der letzteren, sowie die Fluß- und sonstigen Wasserzölle;

1. RG. v. 3. März 1873, betr. einen Zusatz zu dem Art. 4 Nr. 9 der Reichsverfassung (RGB. 1873 S. 47).

Wir Wilhelm, von Gottes Gnaden Deutscher Kaiser, König von Preußen rc., verordnen im Namen des Deutschen Reichs, nach erfolgter Zustimmung des Bundesrathes und des Reichstages, was folgt:

Einziger Paragraph.

Im Artikel 4 der Reichsverfassung ist der Nr. 9 hinzuzufügen:

desgleichen die Seeschifffahrtszeichen (Leuchtfeuer, Tonnen, Baken und sonstige Tagesmarken).

Urkundlich unter Unserer Höchsteigenhändigen Unterschrift und beigedrucktem Kaiserlichen Insiegel.

Gegeben Berlin, den 3. März 1873.

(L. S.) Wilhelm.

Fürst v. Bismarck.

2. Vgl. Art. 54 der Reichsverfassung und die Anm. dazu.

10) das Post- und Telegraphenwesen, jedoch in Bayern und Württemberg nur nach Maßgabe der Bestimmung im Artikel 52.;

Vgl. Art. 48—52 der Reichsverfassung und die Anm. dazu.

11) Bestimmungen über die wechselseitige Vollstreckung von Erkenntnissen in Civilsachen und Erledigung von Requisitionen überhaupt[1]);

BG. v. 21. Juni 1869, betr. die Gewährung der Rechtshülfe (BGB. 1869 S. 305). Auch gültig für Baden und Südhessen, zuf. Art. 80 unter I. 19 der mit diesen Staaten vereinbarten Verf. (BGB. 1870 S. 647[2]), für Württemberg, zuf. Art. 2 Nr. 6 des Vertr. v. 25. Nov. 1870 (BGB. 1870 S. 656), für Bayern (mit einem Zusatze),

---

[1]) Vgl. hierzu und über die Regelung des Gegenstandes durch das Gerichtsverfassungsgesetz v. 27. Jan. 1877 v. Rönne's Staatsrecht des D. Reichs, 2. Aufl., Band II. Abth. 2 § 102 S. 58 ff.

[2]) Vgl. die bereits früher zwischen dem Nordd. Bunde und dem Großherzogthum Baden, sowie zwischen dem Nordd. Bunde und dem Großherzogthum Hessen abgeschlossenen Verträge wegen wechselseitiger Gewährung der Rechtshülfe, v. 14. Juni 1870 und v. 18. März 1870 (BGB. 1870 S. 67 und S. 607).

zuf. § 6 des RG. v. 22. April 1871 (BGB. 1871 S. 87), und für Elsaß-Lothringen, zuf. G. v. 11. Dez. 1871 (RGB. S. 445, GB. f. Elf.-Lothr. 1871 S. 376).

12) sowie über die Beglaubigung von öffentlichen Urkunden;

1. RG. v. 1. Mai 1878, betr. die Beglaubigung öffentlicher Urkunden (RGB. 1878 S. 89).
2. Vertrag v. 25. Febr. 1880 zwischen dem Deutschen Reiche und der Oesterreichisch-Ungarischen Monarchie wegen Beglaubigung der von öffentlichen Behörden und Beamten ausgestellten oder beglaubigten Urkunden (RGB. 1881 S. 4), und Vertrag v. 13. Juni 1881 wegen Ausdehnung dieses Vertrages auf Bosnien und die Herzegowina (RGB. 1881 S. 253).

   Dazu: Bekanntmachung des Reichskanzlers v. 2. Febr. 1881 mit dem Verzeichniß derjenigen obersten Verwaltungsbehörden und höheren Verwaltungsbehörden im D. Reiche und in der Oesterreichisch-Ungarischen Monarchie, deren Urkunden einer Beglaubigung nicht bedürfen (RGB. 1881 S. 8), nebst Nachtragsverzeichniß v. 3. Aug. 1881 (RGB. 1881 S. 256), und Bekanntmachung des Reichskanzlers v. 3. Aug. 1881 mit dem Verzeichniß derjenigen in Bosnien und der Herzegowina bestehenden obersten und höheren Verwaltungsbehörden und Gerichte, deren Urkunden einer Beglaubigung nicht bedürfen (RGB. 1881 S. 255).

13) die gemeinsame Gesetzgebung über das Obligationenrecht, Strafrecht, Handels- und Wechselrecht und das gerichtliche Verfahren [1]);

1. RG. v. 20. Dez. 1873, betr. die Abänderung der Nr. 13 des Art. 4 der Verfassung des Deutschen Reichs (RGB. 1873 S. 379).

---

[1]) Vgl. v. Rönne's Staatsrecht des D. Reichs, 2. Aufl., Bd. II. Abth. 2 §§ 101—105 S. 1 ff.

Wir Wilhelm, von Gottes Gnaden Deutscher Kaiser, König von Preußen ꝛc., verordnen im Namen des Deutschen Reichs, nach erfolgter Zustimmung des Bundesraths und des Reichstags, was folgt:

Einziger Paragraph.

An Stelle der Nr. 13 des Artikels 4 der Verfassung des Deutschen Reichs tritt die nachfolgende Bestimmung:

Die gemeinsame Gesetzgebung über das gesammte bürgerliche Recht, das Strafrecht und das gerichtliche Verfahren.

Urkundlich unter Unserer Höchsteigenhändigen Unterschrift und beigedrucktem Kaiserlichen Insiegel.

Gegeben Berlin, den 20. Dezember 1873.

(L. S.) Wilhelm.

Fürst v. Bismarck.

Dieses G. ist in Elsaß-Lothringen eingeführt durch das RG. v. 8. Febr. 1875 Ziffer 6 (RGB. 1875 S. 69, GB. f. Elſ.-Lothr. 1875 S. 9).

2. Vgl. die Uebersicht der auf Grund des Art. 4 Nr. 13 der Bundes- beziehungsweise Reichsverf. ergangenen Bundes- und Reichsgesetze, unten Anlage IX.

14) das Militairwesen des Reichs und die Kriegsmarine;

Vgl. Art. 53 und Art. 57—68 der Reichsverfassung und die Anm. dazu.

15) Maßregeln der Medizinal- und Veterinairpolizei[1]);

1. a) BG. v. 7. April 1869, betr. Maßregeln gegen die Rinderpest (BGB. 1869 S. 105). Auch gültig für Baden und Südhessen, zuf. Art. 80 unter I. 12 der mit Baden und Hessen vereinbarten Verfassung (BGB. 1870 S. 647), für Württemberg und Bayern,

---

[1]) Vgl. v. Rönne's Staatsrecht des D. Reichs, 2. Aufl., Bd. II. Abth. 2 § 106 S. 100 ff.

zuf. RG. v. 2. Nov. 1871 (RGB. 1871 S. 372) und für Elsaß-Lothringen, zuf. G. v. 11. Dez. 1871 (RGB. 1871 S. 471, GB. f. Elf.-Lothr. 1871 S. 403).

Dazu: Instruktion v. 26. Mai 1869 (BGB. 1869 S. 149) und revidirte Instruktion v. 9. Juni 1873 (RGB. 1873 S. 147).

Vgl. GB. f. Elf.-Lothr 1871 S. 407 und 1873 S. 170.

b) RG. v. 21. Mai 1878, betr. Zuwiderhandlungen gegen die zur Abwehr der Rinderpest erlassenen Vieheinfuhrverbote (RGB. 1878 S. 95).

c) RG. v. 25. Febr. 1876, betr. die Beseitigung von Ansteckungsstoffen bei Viehbeförderungen auf Eisenbahnen (RGB. 1876 S. 163).

Dazu: Bekanntmachung des Reichskanzlers v. 6. Mai 1876 mit den Festsetzungen des Bundesrathes zur Ausführung des RG. v. 25. Febr. 1876 (RCBl. 1876 S. 251).

2. RG. v. 23. Juni 1880, betr. die Abwehr und Unterdrückung von Viehseuchen (RGB. 1880 S. 153)[1].

Dazu: Bekanntmachung des Reichskanzlers v. 24. Febr. 1881 mit der Instr. zur Ausführung der §§ 19—29 des Gesetzes v. 23. Juli 1880, betr. die Abwehr und Unterdrückung von Viehseuchen (RCBl. 1881 S. 36 ff.).

3. Reichs-Impfgesetz v. 8. April 1874 (RGB. 1874 S. 31).

4. RG. v. 14. Mai 1879 betr den Verkehr mit Nahrungsmitteln, Genußmitteln und Gebrauchsgegenständen (RGB. 1879 S. 145).

Dazu:

a) V. v. 24. Febr. 1882 über das gewerbsmäßige Verkaufen und Feilhalten von Petroleum (RGB. 1882 S. 40), nebst Bekanntmachungen des Reichskanzlers v. 20. April und 21. Juli 1882 (RCBl. 1882 S. 196 u. 344), und v. 19. Sept 1884 (RCBl. 1884 S. 250). Vgl. auch Bekanntmachung des Reichskanzlers v. 5. Jan. 1883 (RCBl. 1883 S. 1).

---

[1]) Vgl. a) Preuß. G. v. 12. März 1881, betr. die Ausführung des Reichsgesetzes über die Abwehr und Unterdrückung von Viehseuchen (Preuß. GS. 1881 S. 128), b) G. v. 27. März 1881 für Elsaß-Lothringen zur Ausführung des Reichsgesetzes, betr. die Abwehr und Unterdrückung von Viehseuchen (GB. f. Elf.-Lothr. 1881 S. 67).

b) V. v. 1. Mai 1882, betr. die Verwendung giftiger Farben (RGB. 1882 S. 55) und V. v. 5. März 1883, betr. die Außerkraftsetzung der §§ 2 und 3 der V. v. 1. Mai 1882 (RGB. 1883 S. 3).

5. Bekanntmachungen des Reichskanzlers v. 1. Juni 1872 und v. 4. Juli 1873, betr. die Einführung der Pharmacopoea Germanica an Stelle der in den einzelnen Bundesstaaten geltenden Pharmakopöen (RGB. 1872 S. 172 und 1873 S. 200).

Vgl. RCBl. 1873 S. 213.

In Elsaß-Lothringen ist die Pharmacopoea Germanica eingeführt durch V. v. 5. Juli 1872 (GB. f. Elf.-Lothr. 1872 S. 471).

Vgl. dazu: Bekanntmachungen des Reichskanzlers v. 8. Juli, 9. Sept. u. 7. Nov. 1882 (RCBl. 1882 S. 333, 389 u 425).

6. Vgl. Anm. 3 b zum Art. 4 Nr. 1 der Reichsverf.

16) die Bestimmungen über die Presse und das Vereinswesen [1]).

1. RG. über die Presse v. 7. Mai 1874 (RGB. 1874 S. 65. (Vgl. v. Rönne's Staatsrecht des D. Reichs, 2. Aufl., Bd. I. § 17 S. 166 ff.).

2. a) RG. v. 21. Okt. 1878 gegen die gemeingefährlichen Bestrebungen der Sozialdemokratie (RGB. 1878 S. 351).

b) RG. v. 31. Mai 1880, betr. die authentische Erklärung und die Gültigkeitsdauer des Gesetzes gegen die gemeingefährlichen Bestrebungen der Sozialdemokratie v. 21. Okt. 1878 (RGB. 1880 S. 117).

c) RG. v. 28. Mai 1884, betr. die Verlängerung der Gültigkeitsdauer des Gesetzes gegen die gemeingefährlichen Bestrebungen der Sozialdemokratie v. 21. Okt. 1878 (RGB. 1884 S. 53).

---

[1]) Die Bestimmung der Nr. 16 fehlte in der Verf. des Nordd. Bundes und findet sich zuerst in der mit den Großherzogthümern Baden und Hessen vereinbarten Verf. des D. Bundes, v. 15. Nov. 1870 (BGB. 1870 S. 629).

Vgl. § 17 des Wahlgesetzes v. 31. Mai 1869 für den Reichstag (BGB. 1869 S. 145).

d) RG. v. 20. April 1886, betr. die Verlängerung der Gültigkeitsdauer des Gesetzes gegen die gemeingefährlichen Bestrebungen der Sozialdemokratie v. 21. Okt. 1878 (RGB. 1886 S. 77).

e) RG. v. 12. März 1884, betr. die Stimmzettel für öffentliche Wahlen (RGB. 1884 S. 17).

Artikel 5.

Die Reichsgesetzgebung wird ausgeübt durch den Bundesrath und den Reichstag. Die Uebereinstimmung der Mehrheitsbeschlüsse beider Versammlungen ist zu einem Reichsgesetze erforderlich und ausreichend [1]).

Bei Gesetzesvorschlägen über das Militairwesen, die Kriegsmarine und die im Artikel 35. bezeichneten Abgaben giebt, wenn im Bundesrathe eine Meinungsverschiedenheit stattfindet, die Stimme des Präsidiums den Ausschlag, wenn sie sich für die Aufrechterhaltung der bestehenden Einrichtungen ausspricht [2]).

III. Bundesrath [3]).

Artikel 6.

Der Bundesrath besteht aus den Vertretern der Mitglieder des Bundes, unter welchen die Stimmführung

---

[1]) In Betreff der Verfassungsänderungen vgl. Art. 78 der Reichsverfassung.

[2]) Vgl. Art. 37 der Reichsverf. — Die Worte: „und die im Art. 35 bezeichneten Abgaben" fehlten in der Verf. des Norddt. Bundes und finden sich zuerst in der mit den Großherzogthümern Baden und Hessen vereinbarten Verf. des D. Bundes v. 15. Nov. 1870 Art. 5 (BGB. 1870 S. 629).

[3]) Vgl. v. Rönne's Staatsrecht des D. Reichs, 2. Aufl., Bd. I. §§ 21—24 S. 194 ff.

sich in der Weise vertheilt, daß Preußen mit den ehemaligen Stimmen von

Hannover, Kurhessen, Holstein, Nassau und Frankfurt	17	Stimmen
führt, Bayern	6	"
Sachsen	4	"
Württemberg	4	"
Baden	3	"
Hessen	3	"
Mecklenburg-Schwerin	2	"
Sachsen-Weimar	1	"
Mecklenburg-Strelitz	1	"
Oldenburg	1	"
Braunschweig	2	"
Sachsen-Meiningen	1	"
Sachsen-Altenburg	1	"
Sachsen-Koburg-Gotha	1	"
Anhalt	1	"
Schwarzburg-Rudolstadt	1	"
Schwarzburg-Sondershausen	1	"
Waldeck	1	"
Reuß älterer Linie	1	"
Reuß jüngerer Linie	1	"
Schaumburg-Lippe	1	"
Lippe	1	"
Lübeck	1	"
Bremen	1	"
Hamburg	1	"
zusammen	58	Stimmen.

Jedes Mitglied des Bundes kann so viel Bevollmächtigte zum Bundesrathe ernennen, wie es Stimmen hat, doch kann die Gesammtheit der zuständigen Stimmen nur einheitlich abgegeben werden.

Artikel 7.

Der Bundesrath beschließt:

1) über die dem Reichstage zu machenden Vorlagen und die von demselben gefaßten Beschlüsse;
2) über die zur Ausführung der Reichsgesetze erforderlichen allgemeinen Verwaltungsvorschriften und Einrichtungen, sofern nicht durch Reichsgesetz etwas Anderes bestimmt ist[1];
3) über Mängel, welche bei der Ausführung der Reichsgesetze oder der vorstehend erwähnten Vorschriften oder Einrichtungen hervortreten[2].

Jedes Bundesglied ist befugt, Vorschläge zu machen und in Vortrag zu bringen, und das Präsidium ist verpflichtet, dieselben der Berathung zu übergeben.

Die Beschlußfassung erfolgt vorbehaltlich der Bestimmungen in den Artikeln 5. 37. und 78. mit einfacher Mehrheit. Nicht vertretene oder nicht instruirte Stimmen werden nicht gezählt. Bei Stimmengleichheit giebt die Präsidialstimme den Ausschlag.

Bei der Beschlußfassung über eine Angelegenheit, welche nach den Bestimmungen dieser Verfassung nicht

---

[1] Vgl. Art. 50, 53 u. 63 der Reichsverfassung

[2] Vgl. Art. 36 Abs. 3 der Reichsverfassung.

dem ganzen Reiche gemeinschaftlich ist, werden die Stimmen nur derjenigen Bundesstaaten gezählt, welchen die Angelegenheit gemeinschaftlich ist.

Artikel 8.

Der Bundesrath bildet aus seiner Mitte dauernde Ausschüsse

1) für das Landheer und die Festungen;
2) für das Seewesen;
3) für Zoll- und Steuerwesen;
4) für Handel und Verkehr;
5) für Eisenbahnen, Post und Telegraphen;
6) für Justizwesen;
7) für Rechnungswesen.

In jedem dieser Ausschüsse werden außer dem Präsidium mindestens vier Bundesstaaten vertreten sein, und führt innerhalb derselben jeder Staat nur Eine Stimme. In dem Ausschuß für das Landheer und die Festungen hat Bayern einen ständigen Sitz, die übrigen Mitglieder desselben, sowie die Mitglieder des Ausschusses für das Seewesen werden vom Kaiser ernannt; die Mitglieder der anderen Ausschüsse werden von dem Bundesrathe gewählt. Die Zusammensetzung dieser Ausschüsse ist für jede Session des Bundesrathes resp. mit jedem Jahre zu erneuern, wobei die ausscheidenden Mitglieder wieder wählbar sind.

Außerdem wird im Bundesrathe aus den Bevollmächtigten der Königreiche Bayern, Sachsen und Württemberg und zwei, vom Bundesrathe alljährlich zu wählenden Bevollmächtigten anderer Bundesstaaten ein Ausschuß für die auswärtigen Angelegenheiten gebildet, in welchem Bayern den Vorsitz führt.

Den Ausschüssen werden die zu ihren Arbeiten nöthigen Beamten zur Verfügung gestellt.

Artikel 9.

Jedes Mitglied des Bundesrathes hat das Recht, im Reichstage zu erscheinen und muß daselbst auf Verlangen jederzeit gehört werden, um die Ansichten seiner Regierung zu vertreten, auch dann, wenn dieselben von der Majorität des Bundesrathes nicht adoptirt worden sind. Niemand kann gleichzeitig Mitglied des Bundesrathes und des Reichstages sein.

Artikel 10.

Dem Kaiser liegt es ob, den Mitgliedern des Bundesrathes den üblichen diplomatischen Schutz zu gewähren.

IV. **Präsidium** [1]).

Artikel 11.

Das Präsidium des Bundes steht dem Könige von Preußen zu, welcher den Namen Deutscher Kaiser führt. Der Kaiser hat das Reich völkerrechtlich zu ver-

[1]) Vgl. v. Rönne's Staatsrecht des D. Reichs, 2. Aufl., Bd. I. §§ 25 - 27 S. 223 ff.

treten, im Namen des Reichs Krieg zu erklären und Frieden zu schließen, Bündnisse und andere Verträge mit fremden Staaten einzugehen, Gesandte zu beglaubigen und zu empfangen.

1. Allerh. Erl. v. 3. Aug. 1871, betr. die Bezeichnung der Behörden und Beamten des Deutschen Reichs, sowie die Feststellung des Kaiserl. Wappens und der Kaiserlichen Standarte (RGB. 1871 S. 318), nebst Berichtigung (ebendas. S. 458).

Allerh. Erl. v. 16. März 1872, betr. den Gebrauch des Kaiserl. Adlers zur Bezeichnung von Waaren oder Etiketten (RGB. 1872 S. 90), nebst Bekanntmachung des Reichskanzlers v. 11. April 1872, betr. die Ausführung dieses Erlasses (RGB. 1872 S. 93).

2. Ueber die Vertretung der Reichsgesandten durch die Königlich Bayerischen Gesandten in Verhinderungsfällen und die von letzteren zu leistende Beihülfe vgl. Schlußprotokoll zu dem Vertrage v. 23. Nov. 1870, betr. den Beitritt Bayerns zur Verf. des D. Bundes unter VII und VIII (RGB. 1871 S. 23)[1].

Zur Erklärung des Krieges im Namen des Reichs ist die Zustimmung des Bundesrathes erforderlich, es sei denn, daß ein Angriff auf das Bundesgebiet oder dessen Küsten erfolgt[2].

Insoweit die Verträge mit fremden Staaten sich auf solche Gegenstände beziehen, welche nach Artikel 4. in

---

[1]) Vgl. unten Anlage VII.

[2]) Diese Bestimmung des Art. 11 war in der Verf. des Nordd. Bundes nicht enthalten, sondern findet sich zuerst in der mit den Großherzogthümern Baden und Hessen vereinbarten Verf. des D. Bundes v. 15. Nov. 1870 (BGB. 1870 S. 632). Ueber das Recht des Kaisers zur Anordnung der Kriegsbereitschaft vgl. Art. 68 Abs. 4 der Reichsverf.

den Bereich der Reichsgesetzgebung gehören, ist zu ihrem Abschluß die Zustimmung des Bundesrathes und zu ihrer Gültigkeit die Genehmigung des Reichstages erforderlich.

Ueber die Zuziehung von Vertretern der einzelnen Bundesstaaten beim Abschluß von Post- und Telegraphenverträgen mit außerdeutschen Staaten, und über das Recht der einzelnen Bundesstaaten zum Abschluß von Verträgen mit anderen Staaten über das Post- und Telegraphenwesen, sofern sie lediglich den Grenzverkehr betreffen, vgl. Schlußprot. zu dem Vertr. v. 23. Nov. 1870, betr. den Beitritt Bayerns zur Verf. des D. Bundes (BGB. 1871 S. 23) unter XI [1]).

Artikel 12.

Dem Kaiser steht es zu, den Bundesrath und den Reichstag zu berufen, zu eröffnen, zu vertagen und zu schließen.

Artikel 13.

Die Berufung des Bundesrathes und des Reichstages findet alljährlich statt und kann der Bundesrath zur Vorbereitung der Arbeiten ohne den Reichstag, letzterer aber nicht ohne den Bundesrath berufen werden.

Artikel 14.

Die Berufung des Bundesrathes muß erfolgen, sobald sie von einem Drittel der Stimmenzahl verlangt wird.

---

[1]) Vgl. unten Anlage VII.

Artikel 15.

Der Vorsitz im Bundesrathe und die Leitung der Geschäfte steht dem Reichskanzler zu, welcher vom Kaiser zu ernennen ist[1]).

Der Reichskanzler kann sich durch jedes andere Mitglied des Bundesrathes vermöge schriftlicher Substitution vertreten lassen.

Ueber das Recht der Bayerischen Regierung, durch ihren Vertreter im Falle der Verhinderung Preußens den Vorsitz im Bundesrathe zu führen, vgl. Schlußprot. zu dem Vertr. v. 23. Nov. 1870, betr. den Beitritt Bayerns zur Verf. des D. Bundes (BGB. 1871 S. 23) unter IX[2]).

Artikel 16.

Die erforderlichen Vorlagen werden nach Maßgabe der Beschlüsse des Bundesrathes im Namen des Kaisers an den Reichstag gebracht, wo sie durch Mitglieder des Bundesrathes oder durch besondere von letzterem zu ernennende Kommissarien vertreten werden.

Artikel 17.

Dem Kaiser steht die Ausfertigung und Verkündigung[3]) der Reichsgesetze und die Ueberwachung der Ausführung derselben zu[4]). Die Anordnungen und

---

[1]) Vgl. Allerh. Erl. v. 14. Juli 1867, betr. die Ernennung des Präsidenten des Staatsministeriums und Ministers der auswärtigen Angelegenheiten Grafen von Bismarck-Schönhausen zum Bundeskanzler des Nordd. Bundes (BGB. 1867 S. 23).

[2]) Vgl. unten Anlage VII.

[3]) Vgl. Anm. 3 zum Art. 2 der Reichsverfassung.

[4]) Vgl. Art. 36 Abs. 2, Art. 50 u. 56 Abs. 1, Art. 63 der Reichsverfassung.

Verfügungen des Kaisers werden im Namen des Reichs erlassen und bedürfen zu ihrer Gültigkeit der Gegenzeichnung des Reichskanzlers, welcher dadurch die Verantwortlichkeit übernimmt.

RG. v. 17. März 1878, betr. die Stellvertretung des Reichskanzlers (RGB. 1878 S. 7).

Wir Wilhelm, von Gottes Gnaden Deutscher Kaiser, König von Preußen &c., verordnen im Namen des Reichs, nach erfolgter Zustimmung des Bundesraths und des Reichstags, was folgt:

§ 1. Die zur Gültigkeit der Anordnungen und Verfügungen des Kaisers erforderliche Gegenzeichnung des Reichskanzlers, sowie die sonstigen demselben durch die Verfassung und die Gesetze des Reichs übertragenen Obliegenheiten können nach Maßgabe der folgenden Bestimmungen durch Stellvertreter wahrgenommen werden, welche der Kaiser auf Antrag des Reichskanzlers in Fällen der Behinderung desselben ernennt.

§ 2. Es kann ein Stellvertreter allgemein für den gesammten Umfang der Geschäfte und Obliegenheiten des Reichskanzlers ernannt werden. Auch können für diejenigen einzelnen Amtszweige, welche sich in der eigenen und unmittelbaren Verwaltung des Reichs befinden, die Vorstände der dem Reichskanzler untergeordneten obersten Reichsbehörden mit der Stellvertretung desselben im ganzen Umfang oder in einzelnen Theilen ihres Geschäftskreises beauftragt werden.

§ 3. Dem Reichskanzler ist vorbehalten, jede Amtshandlung auch während der Dauer einer Stellvertretung selbst vorzunehmen.

§ 4. Die Bestimmung des Artikel 15 der Reichsverfassung wird durch dieses Gesetz nicht berührt.

Urkundlich unter Unserer Höchsteigenhändigen Unterschrift und beigedrucktem Kaiserlichen Insiegel.

Gegeben Berlin, den 17. März 1878.

(L. S.) Wilhelm.

Fürst v. Bismarck.

Artikel 18.

Der Kaiser ernennt die Reichsbeamten, läßt dieselben für das Reich vereidigen und verfügt erforderlichen Falles deren Entlassung [1]).

Den zu einem Reichsamte berufenen Beamten eines Bundesstaates stehen, sofern nicht vor ihrem Eintritt in den Reichsdienst im Wege der Reichsgesetzgebung etwas Anderes bestimmt ist, dem Reiche gegenüber diejenigen Rechte zu, welche ihnen in ihrem Heimathslande aus ihrer dienstlichen Stellung zugestanden hatten.

I. Die Reichsbehörden.

1. Vgl. die Darstellung des Systems der Reichsbehörden in Zorn's Staatsrecht des D. Reiches, Bd. I. S. 211 ff. und Handbuch für das Deutsche Reich.

2. Die Centralverwaltungsstellen (in unmittelbarer Unterordnung unter den Reichskanzler).

a) Reichsamt des Innern (früher Reichskanzleramt).

α) Allerh. Präsidial-Erl. v. 12. Aug. 1867, betr. die Errichtung des Bundeskanzleramtes (BGB. 1867 S. 29).

β) Allerh. Erl. v. 12. Mai 1871, betr. die Abänderung der bisherigen Bezeichnung „Bundeskanzleramt" in „Reichskanzleramt" (RGB. 1871 S. 102).

γ) Allerh. Erl. v. 24. Dez. 1879, betr. die Benennung des Reichskanzleramts [Reichsamt des Innern] und den Titel des Vorstandes [Staatssekretär des Innern] dieser Behörde (RGB. 1879 S. 321).

*b) Auswärtiges Amt.

Vgl. Zorn a. a. O. S. 213.

---

[1]) Die nach Maßgabe der Verfassung und der Gesetze des D. Reichs vom Kaiser ernannten Behörden und Beamten sind als Kaiserliche zu bezeichnen (Allerh. Erlaß v. 3. Aug. 1871 Ziffer 1, RGB. 1871 S. 318).

c) Admiralität.

Vgl. Zorn a. a. O. S. 214 und Anm. zum Art. 53 der Reichsverfassung.

d) Reichspostamt (vgl. Zorn a. a. O. S. 215).

α) Allerh. Präsidial-Erl. v. 18. Dez. 1867, betr. die Verwaltung des Post- und Telegraphenwesens des Nordd. Bundes (BGB. 1867 S. 328).

β) V. v. 22. Dez. 1875, betr. die Verwaltung des Post und Telegraphenwesens (RGB. 1875 S. 379).

[Vereinigung des Generalpostamtes und des Generaltelegraphenamtes, und Trennung derselben von dem Reichskanzleramte.]

γ) Allerh. Erl. v. 23. Febr. 1880, betr. die Benennung der obersten Reichsbehörde für die dem Ressort des Generalpostmeisters zugewiesenen Verwaltungszweige (RGB. 1880 S. 25).

[Benennung der Behörde „Reichspostamt" und des Generalpostmeisters: „Staatssekretär"]

δ) Ueber die Aufhebung einiger Oberpostdirektionen, die Einrichtung neuer Oberpostdirektionen und die anderweitige Abgrenzung des Bezirksumfanges einiger Oberpostdirektionen vgl. die Uebersicht in dem Hauptsachregister zum Bundes-, bezw. R.-Gesetz-Bl. von 1867—1876 S. 156 und RGB. 1880 s. v.: „Ober-Post-Direktionen".

e) Reichsjustizamt.

Vgl. Zorn a. a. O. S. 215 ff.

f) Reichsamt für die Verwaltung der Reichseisenbahnen (vgl. Zorn a. a. O. S. 216).

α) Allerh. Erl. v. 9. Dez. 1871, betr. die Einsetzung einer Behörde unter dem Namen „Kaiserl Generaldirektion der Eisenbahnen in Elsaß-Lothringen" (RGB. 1871 S. 480, GB. f. Els.-Lothr. 1872 S. 4).

β) Allerh. Erl. v. 27. Mai 1878, betr. die Errichtung des Reichsamts für die Verwaltung der Reichseisenbahnen (RGB. 1879 S. 193).

g) Reichseisenbahnamt (vgl. Zorn a. a. O. S. 216).

RG. v. 27 Juni 1873, betr. die Einsetzung eines Reichseisenbahnamtes (RGB. 1873 S. 164).

Bekanntmachung des Reichskanzlers v. 13. März 1876 mit dem Regulativ des Bundesrathes zur Ordnung des Geschäftsganges bei dem durch Richter verstärkten Reichseisenbahnamte (RCB. 1876 S. 197).

h) Reichsschatzamt (vgl. Zorn a. a. O. S. 217).

Allerh. Erl. v. 14. Juli 1879, betr. die Errichtung des Reichsschatzamtes (RGB. 1879 S. 196).

Von dem Reichsschatzamte ressortirt die „Reichshauptkasse".

Bekanntmachung des Reichskanzlers v. 21. Jan. 1868, betr. die Wahrnehmung der Centralkassengeschäfte des Nordd. Bundes (BGB. 1868 S 1), Bekanntmachung des Reichskanzlers v. 1. Juni 1871, betr. die Reichshauptkasse (RGB. 1871 S. 126), und Bekanntmachung des Reichskanzlers v. 29. Dez. 1875 (RCB. 1875 S. 821).

i) Reichsbankdirektorium (vgl. Zorn a. a. O. S. 217).

Bankgesetz v. 14. März 1875 §§ 26—28 (RGB. 1875 S. 184).

8. Die selbstständigen Finanzbehörden des Reichs.

a) Rechnungshof des Deutschen Reichs[1]). (Vgl. Zorn a. a. O. S. 218.)

[Königlich Preußische Oberrechnungskammer als Rechnungshof des Deutschen Reichs.]

BG. v. 4. Juli 1868, betr. die Kontrole des Bundeshaushalts für die Jahre 1867—1869 (BGB. 1868 S. 433).

BG. v. 11. März 1870, betr. die Kontrole des Bundeshaushalts für das Jahr 1870 (BGB. 1870 S. 47).

RG. v. 28. Okt. 1871, betr die Kontrole des Reichshaushalts für das Jahr 1871 (RGB. 1871 S. 344).

RG. v. 5. Juli 1872, betr. die Kontrole des Reichshaushalts für das Jahr 1872 (RGB. 1872 S. 265).

---

[1]) Vgl. die Instr des Reichskanzlers für den Rechnungshof des D. Reichs v. 5. März 1875 (RCB. 1875 S. 157) nebst Bekanntmachung des Reichskanzlers v. 7. April 1877, betr. die Abänderung der §§ 4 u. 5 dieser Instr. (RCB. 1877 S. 182).

RG. v. 22. Juni 1873, betr. die Kontrole des Reichshaushalts für das Jahr 1873 (RGB. 1873 S. 145).

RG. v. 11. Febr. 1875, betr. die Kontrole des Reichshaushalts und des Landeshaushalts von Elsaß-Lothringen für das Jahr 1874 (RGB. 1875 S. 61).

RG. v. 14. Febr. 1876, betr. die Kontrole des Reichshaushalts und des Landeshaushalts von Elsaß-Lothringen für das Jahr 1875 (RGB. 1876 S. 19).

RG. v. 22. Mai 1877, betr. die Kontrole des Reichshaushalts für die Rechnungsperiode v. 1. Juni 1876 bis Ende März 1877 und des Landeshaushalts von Elsaß-Lothringen für das Jahr 1876 (RGB. 1877 S. 499).

RG. v. 1. Juni 1878, betr. die Kontrole des Reichshaushalts für das Etatsjahr 1877/78 und des Landeshaushalts von Elsaß-Lothringen für das Jahr 1877 (RGB. 1878 S. 97).

RG. v. 5. Juli 1879, betr. die Kontrole des Reichshaushalts für das Etatsjahr 1878/79 und des Landeshaushalts von Elsaß-Lothringen für die Rechnungsperiode vom $\frac{\text{1. Jan. 1878}}{\text{31. März 1879}}$ (RGB. 1879 S. 173).

RG. v. 30. Mai 1880, betr. die Kontrole des Reichshaushalts und des Landeshaushalts von Elsaß-Lothringen für das Etatsjahr 1879/80 (RGB. 1880 S. 119).

RG. v. 1. Juni 1881, betr. die Kontrole des Reichshaushalts und des Landeshaushalts von Elsaß-Lothringen für das Etatsjahr 1880/81 (RGB. 1881 S. 100).

RG. v. 4. Jan. 1882, betr. die Kontrole des Reichshaushalts und des Landeshaushalts von Elsaß-Lothringen für das Etatsjahr 1881/82 (RGB. 1882 S. 1).

RG. v. 3. März 1883, betr. die Kontrole des Reichshaushalts und des Landeshaushalts von Elsaß-Lothringen für das Etatsjahr 1882/83 (RGB. 1883 S. 30).

RG. v. 30. April 1884, betr. die Kontrole des Reichshaushalts und des Landeshaushalts von Elsaß-Lothringen für das Etatsjahr 1883/84 (RGB. 1884 S. 47).

RG. v. 26. Jan. 1885, betr. die Kontrole des Reichshaushalts und des Landeshaushalts von Elsaß-Lothringen für das Etatsjahr 1884/85 (RGB. 1885 S. 7).

RG. v. 8. Febr. 1886, betr. die Kontrole des Reichshaushalts und des Landeshaushalts von Elsaß-Lothringen für das Etatsjahr 1885/86 (RGB. 1886 S. 27).

b) Reichsbankkuratorium und Reichsbankkommissäre (vgl. Zorn a. a. O. S. 219).

Bankgesetz v. 14. März 1875 §§ 25 und 36 (RGB. 1875 S. 184, 187).

c) Reichsschuldenverwaltung und Reichsschuldenkommission (vgl. Zorn a. a. O. S. 219).

[Königlich Preußische Hauptverwaltung der Staatsschulden als Reichsschuldenkommission.]

BG. v. 19. Juni 1868, betr. die Verwaltung der nach Maßgabe des Gesetzes v. 9. Nov. 1867 aufzunehmenden Bundesanleihe [1]) (BGB. 1868 S. 339).

d) Verwaltung des Reichsinvalidenfonds (vgl. Zorn a. a. O. S. 220).

Vgl. Note 2 zum Art. 61 der Reichsverfassung.

4. Richterbehörden des Reiches (vgl. Zorn a. a. O. S. 220—224).

a) Civil- und Strafgerichtsbarkeit.

α) Das Reichsgericht in Leipzig.

Vgl. Gerichtsverf.-G. v. 27. Jan. 1877 §§ 125—41 (RGB. 1877 S. 415) und RG. v. 11. April 1877 über den Sitz des Reichsgerichts (RGB. 1877 S. 415) [2]).

---

[1]) Die später (seit dem Jahre 1870) erlassenen Anleihegesetze haben stets vorgeschrieben, daß auch die Verwaltung dieser Anleihen der Reichsschuldenverwaltung unter der Aufsicht der Reichsschuldenkommission zu übertragen. Bezüglich der außerdem derselben überwiesenen Kontrolgeschäfte vgl. v. Rönne's Staatsrecht des D. Reiches, 2. Aufl., Bd. I. § 43 S. 312.

[2]) a. Vgl. Bekanntmachung des Reichskanzlers v. 8. April 1880 mit der Geschäftsordnung des Reichsgerichts (RGB. 1880 S. 190). b. Dienstanweisung des Reichskanzlers v. 8. Juli 1879, betr. die Einziehung und Verrechnung der für die Geschäfte des Reichsgerichts in Ansatz kommenden Kosten (RCB. 1880 S. 473).

β) Die Reichskonsulargerichte.

RG. v. 10. Juli 1879 über die Konsulargerichtsbarkeit (RGB. 1879 S. 197).

Vgl. die Noten zu Art. 56 der Reichsverfassung.

b) Die Disziplinargerichte.

Vgl. RG. v. 31 März 1873, betr. die Rechtsverhältnisse der Reichsbeamten, §§ 86 ff. (RGB. 1873 S. 77).

Regulativ (des Bundesrathes) für die Geschäftsordnung bei den Disziplinargerichten (RCB. 1873 S. 390) und Geschäftsordnung des Bundesrathes (v. 18. April 1880) für die Disziplinarbehörden (RCB. 1880 S. 203).

c) Die Verwaltungsgerichte.

α) Das Bundesamt für Heimathswesen.

BG. v. 6. Juni 1870 über den Unterstützungswohnsitz, §§ 42 ff. (BGB. 1870 S. 368 ff).

Bekanntmachung des Reichskanzlers v. 6. Jan. 1873 mit dem Regulativ zur Ordnung des Geschäftsganges bei dem Bundesamte für das Heimathswesen (RCB. 1873 S. 4).

β) Das verstärkte Reichseisenbahnamt.

RG. v. 27 Juni 1873, betr die Errichtung eines Reichseisenbahnamtes, § 5 Ziffer 4 (RGB. 1873 S. 165).

Bekanntmachung des Reichskanzlers v. 13. März 1876 mit dem Regulativ zur Ordnung des Geschäftsganges bei dem durch Richter verstärkten Reichseisenbahnamte (RCB. 1876 S. 197).

γ) Das Reichspatentamt.

Patentgesetz v. 25. Mai 1877 §§ 13 ff. (RGB. 1877 S. 501) und V. v. 18. Juni 1877, betr. die Einrichtung, das Verfahren und den Geschäftsgang des Patentamtes (RGB. 1877 S. 533 ff.).

δ) Das Reichsoberseeamt.

RG. v. 27 Juli 1877, betr die Untersuchung von Seeunfällen, §§ 29 ff. (RGB. 1877 S. 555 ff.).

Geschäftsordnung für das Oberseeamt v. 3. Mai 1878 (RCB. 1878 S. 276) und Nachtrag dazu v. 10. Mai 1879 (RCB. 1879 S. 371).

ε) Die Reichsrayonkommission.

RG. v. 21. Dez. 1871, betr. die Beschränkungen des Grundeigenthums in der Umgebung von Festungen, §§ 11, 14, 23, 30, 31 (RGB. 1871 S. 459).

ζ) Die auf Grund des RG. v. 21. Okt. 1878 gegen die gemeingefährlichen Bestrebungen der Sozialdemokratie v. 21. Okt. 1878 gebildete Reichskommission.

RG. v. 21. Okt. 1878 §§ 26, 27 (RGB. 1878 S. 356) und RG. v. 31. Mai 1880 (RGB. 1880 S. 117).

Dazu: Geschäftsregulativ v. 4. Nov. 1878 für die auf Grund des G. v. 21. Okt. 1878 gebildete Reichskommission (RCB. 1878 S. 661).

η) Das Reichsversicherungsamt.

Unfallversicherungsgesetz v. 6. Juli 1884 §§ 87—91 (RGB. 1884 S. 102 ff.).

Dazu: V. v. 5. Aug. 1885, betr. die Formen des Verfahrens und den Geschäftsgang des Reichsversicherungsamtes (RGB. 1885 S. 255).

II. Die Reichsbeamten.

1. a) RG. v. 31. März 1873, betr. die Rechtsverhältnisse der Reichsbeamten (RGB. 1873 S. 61).

Dazu: RG. v. 21. April 1886, betr. die Abänderung des Reichsbeamtengesetzes, und des Ges. betr. die Fürsorge für die Wittwen und Waisen der Reichsbeamten der Civilverwaltung v. 20. April 1881 (RGB. 1886 S. 80) und V. v. 20. Juni 1886 wegen Ergänzung der V. v. 23. Dez. 1875, betr. die Pensionen und Kautionen der Reichsbankbeamten, und der V., betr. die Fürsorge für die Wittwen und Waisen der Reichsbankbeamten v. 8. Juni 1881 (RGB. 1886 S. 203).

b) G. v. 23. Dez. 1873, betr. die Rechtsverhältnisse der Beamten und Lehrer (in Elſ.-Lothr.)[1] (GB. f. Elſ.-Lothr. 1873 S. 479).

c) Zum Reichsbeamten-Gesetz v. 31. März 1873.

α) Zum § 3 (betr. die eidliche Verpflichtung der Reichsbeamten).

---

[1]) Durch dieses G. ist das Reichsgesetz v. 31. März 1873 mit einigen Modifikationen in Elsaß-Lothringen eingeführt worden.

V. v. 3. Dez. 1867, betr. den Diensteid der unmittelbaren Bundesbeamten (BGB. 1867 S. 327).

V. v. 29. Juni 1871, betr. den Diensteid der unmittelbaren Reichsbeamten (RGB. 1871 S. 303).

Vgl. Art. 50 Abs. 3 und Art. 53 Abs. 1 der Reichsverfassung, und bezüglich der Reichskonsuln § 4 des Gesetzes v. 8. Nov. 1867, betr. die Organisation der Reichskonsulate (BGB. 1867 S. 138).

In Betreff der Staatsbeamten in Elsaß-Lothringen vgl. G. v. 20. Sept. 1871, betr. die Vereidigung der Staatsbeamten (GB. f. Els.-Lothr. 1871 S. 339).

β) Zu den §§ 7, 8, 31, 69 (Fürsorge für die Wittwen und Waisen der Reichsbeamten).

RG. v. 20. April 1881, betr. die Fürsorge für die Wittwen und Waisen der Reichsbeamten der Civilverwaltung (RGB. 1881 S. 85).

V. v. 8. Juni 1881, betr. die Fürsorge für die Wittwen und Waisen der Reichsbankbeamten (RGB. 1881 S. 117).

Dazu: Ausführungserlasse des Reichskanzlers v. 25. und 30. Mai 1881 (RCB. 1881 S. 183 u. 232) und v. 25. Juni 1881 (RCB. 1881 S. 251).

γ) Zum § 14 (betr. Urlaub und Stellvertretung der Reichsbeamten).

V. v. 2. Nov. 1874 über den Urlaub der Reichsbeamten und deren Stellvertretung (RGB. 1874 S. 129).

V. v. 23. April 1879, betr. den Urlaub der gesandtschaftlichen und Konsularbeamten und deren Stellvertretung (RGB. 1879 S. 134).

δ) Zum § 17 (betr. Titel, Rang und Uniform der Reichsbeamten).

Allerh. Erl. v. 1. April 1871, betr. das Rangverhältniß der Posträthe und Ober-Posträthe (RGB. 1871 S. 103).

Allerh. Erl. v. 22. Febr. 1882, betr. den Rang der Ober-Postdirektoren (RGB. 1882 S. 42).

Allerh. Erl. v. 27. Dez. 1871, betr. den Rang der Telegraphen-Direktoren (RGB. 1872 S. 7).

Allerh. Erl. v. 17 Juli 1876, betr die Amtsbezeichnung „Telegraphendirektor" und „Telegrapheninspektor" (RGB. 1876 S. 186).

V. v. 1. Dez. 1879, betr die Titel der gerichtlichen Beamten in Elsaß-Lothringen (GB. f. Elf.-Lothr. 1879 S. 100).

e) Zu § 18 (betr. Tagegelder und Fuhrkosten, desgl. Umzugskosten der Reichsbeamten).

V. v. 21. Juni 1875, betr. die Tagegelder, die Fuhrkosten und die Umzugskosten der Reichsbeamten (RGB. 1875 S. 249).

V. v. 5. Juli 1875, betr. die Tagegelder, Fuhr- und Umzugskosten von Beamten der Reichseisenbahnverwaltung und der Postverwaltung (RGB. 1875 S. 253).

V. v. 29. Juni 1877, betr. die Tagegelder und Fuhrkosten von Beamten der Reichs-Post- und Telegraphenverwaltung (RGB. 1877 S. 545).

V. v. 23. April 1879, betr. die Tagegelder, die Fuhrkosten und die Umzugskosten der gesandtschaftlichen und der Konsularbeamten (RGB. 1879 S. 127).

Dazu: V. v. 7. Febr. 1881, wegen Abänderung der V. v. 23. April 1879 (RGB. 1881 S. 27) und V. v. 24. Mai 1881, betr. die Umzugskosten des Personals des Marinelazareths zu Yokohama bei Versetzungen aus dem Inlande dorthin, beziehungsweise bei Rückversetzungen nach dem Inlande (RGB. 1881 S. 101).

V. v. 19. Nov. 1879, betr. die Abänderung beziehungsweise Ergänzung der Bestimmungen über die Tagegelder, Fuhrkosten und Umzugskosten der Reichsbeamten (RGB. 1879 S. 313).

V. v. 20. Mai 1880, betr. nähere Festsetzungen über die Gewährung von Tagegeldern, Fuhrkosten und Umzugskosten an die Beamten der Militär- und Marineverwaltung (RGB. 1880 S. 113).

Dazu: V. v. 27. Juli 1886 (RGB. 1886 S. 235).

V. v. 22. Juni 1884, betr. die Vergütung für Dienstreisen der Marinebeamten zwischen Kiel und Friedrichsort (RGB. 1884 S. 65).

V. v. 25. Okt. 1880, betr. die Tagegelder, Fuhrkosten und Umzugskosten der Beamten und Lehrer (in Elſ.-Lothringen) (GB. f. Elſ.-Lothr. 1880 S. 136).

V. des Reichskanzlers v. 9. April 1881, betr. die Grundsätze bezüglich der Ausführung von Dienstreisen und der Bescheinigung der Reisekostenliquidationen innerhalb der Civilverwaltung des Reiches (RCB. 1881 S. 136).

Verf. des Staatssekretärs des Reichspostamts v. 21. Dez. 1881, betr. die Berechnung der Reise- und Umzugskosten der Reichsbeamten (Amtsbl. d. Reichspostamts 1881 S. 390).

Erl. des Reichskanzlers v. 6. Jan. 1876 (RCB. 1876 S. 7).

Beschlüsse des Bundesraths v. 6. März 1876 (RCB. 1876 S. 181—183).

ζ) Zu den §§ 87 und 88 (Disziplinarkammern).

V. v. 11. Juli 1873, betr. die Abgrenzung der Bezirke der Disziplinarkammern (RGB. 1873 S. 293).

V. v. 7. Jan. 1874, betr. die Errichtung einer Disziplinarkammer in Straßburg im Elsaß (RGB. 1874 S. 3).

RG. v. 5. Nov. 1874, betr. die Disziplinarkammer für die Beamten der Reichs-Eisenbahnverwaltung, welche im Auslande ihren dienstlichen Wohnsitz haben (RGB. 1874 S. 128).

η) Zum § 159 (Ausführungsverordnungen).

V. v. 23. Nov. 1874, betr. die Zuständigkeit der Reichsbehörden zur Ausführung des Gesetzes v. 31. März 1873 und die Anstellung der Reichsbeamten (RGB. 1874 S. 135).

V. v. 19. Dez. 1875, betr. die Anstellung der Beamten und die Zuständigkeit zur Ausführung des Gesetzes v. 31. März 1873 bei der Verwaltung der Reichsbank (RGB. 1875 S. 378).

2. RG. v. 30. Juni 1873, betr. die Bewilligung von Wohnungsgeldzuschüssen an die Offiziere und Aerzte des Reichsheeres und der Kaiserlichen Marine, sowie an die Reichsbeamten (RGB. 1873 S. 166).

Dazu:

a) V. v. 30. Juni 1873, betr. die Klassifikation der Reichsbeamten nach Maßgabe des Tarifs zu dem G. v. 30. Juni 1873 über die Bewilligung von Wohnungsgeldzuschüssen ꝛc. (RGB. 1873 S. 169).

b) V. v. 3. Febr. 1874, betr. die Ergänzung der Klassifikationen der Reichsbeamten nach Maßgabe des Tarifs zu dem G. v. 30. Juni 1873 über die Bewilligung von Wohnungsgeldzuschüssen (RGB. 1874 S. 13).

3. BG. v. 2. Juni 1869, betr. die Kautionen der Bundesbeamten (BGB. 1869 S. 161). Auch gültig für Baden und Südhessen, zuf. Art. 80 unter I. 14 der mit Baden und Hessen vereinbarten Verf. (BGB. 1870 S. 647), für Württemberg, zuf. Art. 2 Nr. 6 des Vertr. v. 25. Nov. 1870 (BGB. 1870 S. 656), und für Bayern, zuf. § 2 unter I. 7 des RG. v. 22. April 1871 (BGB. 1871 S. 88).

Dazu:

a) V. v. 18. April 1883, betr. die Kautionen der Beamten und Unterbeamten der Reichs-Post- und Telegraphenverwaltung und der Reichsdruckerei (RGB. 1883 S. 35)[1].

b) V. v. 16. Aug. 1876, betr. die Kautionen der bei der Militär- und Marineverwaltung angestellten Beamten (RGB. 1876 S. 179[2]).

---

[1]) Durch den Art. 8 dieser V. sind die auf das Kautionswesen der Post- und Telegraphenbeamten bezüglichen Bestimmungen in der V. v. 29. Juni 1869 (BGB. 1869 S. 285), sowie die V. v. 14. Juli 1871 (RGB. 1871 S. 316), v. 12. Juli 1873 (RGB. 1873 S. 298), v. 3. April 1876 (RGB. 1876 S. 161) und v. 6. April 1881 (RGB. 1881 S. 91) aufgehoben. Die V. v. 29. Juni 1869 bleibt also nur noch bezüglich der Kautionen der Aichungsbeamten in Geltung.

[2]) Durch den § 9 dieser V. sind folgende frühere Verordnungen: a. V. v. 5. Juli 1871, betr. die Kautionen der bei der Militär- und Marineverwaltung angestellten Beamten (RGB. 1871 S. 308), b. V. v. 14. Dez. 1872, betr. die Aufbringung von Kautionserhöhungen (RGB. 1872 S. 434) und V. v. 14. Jan. 1873, betr. die Beschaf-

Dazu:

α) V. v. 4. März 1879 wegen Ergänzung, bezw. Abänderung der V. v. 16. Aug. 1876 (RGB. 1879 S. 13), V. v. 30. März 1882 wegen Abänderung der V. v. 16. Aug. 1876 (RGB. 1882 S. 43) und V. v. 4. Juni 1885 wegen Ergänzung und Abänderung der V. v. 16. Aug. 1876 (RGB. 1885 S. 195).

β) V. v. 10. Mai 1881, betr. die Festsetzung der Kautionen des Lootsenkommandeurs an der Jade und der Sekretariats-Assistenten bei dem Lootsenkommando dortselbst (RGB. 1881 S. 95).

c) V. v. 27. Febr. 1872, betr. die Kautionen der bei der Verwaltung der Reichseisenbahnen in Elsaß-Lothringen angestellten Beamten (RGB. 1872 S. 59, GB. f. Elf.-Lothr. 1872 S. 154).

d) V. v. 6. Juli 1874, betr. die Kautionen der bei dem Auswärtigen Amte, bei der Verwaltung der Reichsinvalidenfonds und im Büreau des Reichstags angestellten Beamten (RGB. 1874 S. 109).

e) V. v. 23. Dez. 1875, betr. die Pensionen und Kautionen der Reichsbankbeamten (RGB. 1875 S. 380), und V. v. 31. März 1880 wegen Ergänzung und Abänderung der V. v. 23. Dez. 1875 (RGB. 1880 S. 97).

Vgl. RG. v. 21. April 1886 (RGB. 1886 S. 80) und V. v. 20. Juni 1886 (RGB. 1886 S. 203).

f) V. v. 20. Juni 1879 über die Kaution des Rendanten der Patentamtskasse (RGB. 1879 S. 160).

g) V. v. 2. Febr. 1881, betr. die Kaution des Rendanten der Büreaukasse bei dem Reichsamte des Innern (RGB. 1881 S. 3).

h) Das G. v. 2. Juni 1869 (mit den zu demselben erlassenen Verordnungen) ist in Elsaß-Lothringen eingeführt durch das G. v. 11. Dez. 1871 (GB. f. Elf.-Lothr. 1871 S. 386).

---

fung der Kautionen derjenigen Militärbeamten, welche bei den Feldverwaltungen angestellt werden (RGB. 1873 S. 37), aufgehoben worden.

Vgl. in Betreff der Landesbeamten in Elsaß-Lothringen: G. v. 15. Okt. 1873, betr. die Kautionen der Beamten des Staates, der Gemeinden und der öffentlichen Anstalten (GB. f. Elf.-Lothr. 1873 S. 273), nebst V. v. 22. Okt. 1873, betr. die Amtskautionen (ebendas. S. 292), V. v. 12. Mai 1877, betr. die Amtskautionen der Uebergangssteuererheber, Ortseinnehmer, Nebenzollamts- und Steueramtsdiener (GB. f. Elf.-Lothr. 1877 S. 26) und V. v. 2. Mai 1881, betr. die Amtskautionen (GB. f. Elf.-Lothr. 1881 S. 81).

4. RG. v. 31. Mai 1881, betr. die Besteuerung der Dienstwohnungen der Reichsbeamten (RGB. 1881 S. 99).

5. RG. v. 20. Juni 1872, betr. die Verwendung des Ueberschusses aus der Verwaltung der Französischen Landesposten durch die Deutsche Reichspostverwaltung während des Krieges gegen Frankreich in den Jahren 1870 und 1871 (RGB. 1872 S. 210), und RG. v. 4. März 1876, betr. die Kaiser-Wilhelm-Stiftung für die Angehörigen der Deutschen Reichspostverwaltung (RGB. 1876 S. 122). Dazu Allerh. Erl. v. 29. Aug. 1872, betr. die Kaiser-Wilhelm-Stiftung für die Angehörigen der Deutschen Reichspostverwaltung, nebst dem Statut (RGB. 1872 S. 373).

III. Zu den einem Beamten zustehenden Rechten im Sinne des Art. 18 Abs. 2 der Reichsverfassung gehören diejenigen Rechte nicht, welche seinen Hinterbliebenen in Beziehung auf Pensionen oder Unterstützungen etwa zustehen.

Vgl. Protokoll v. 15. Nov. 1870, betr. die Vereinbarung zwischen dem Nordd. Bunde, Baden und Hessen über Gründung des Deutschen Bundes, zu Art. 18 der Reichsverfassung[1] (BGB. 1870 S. 650), desgl. mit Württemberg v. 25. Nov. 1870[2] (BGB. 1870 S. 657).

Artikel 19.

Wenn Bundesglieder ihre verfassungsmäßigen Bundespflichten nicht erfüllen, können sie dazu im Wege der

[1]) Vgl. unten Anlage V.

[2]) Vgl. unten Anlage VI.

Exekution angehalten werden. Diese Exekution ist vom Bundesrathe zu beschließen und vom Kaiser zu vollstrecken [1]).

V. Reichstag [2]).

Artikel 20.

Der Reichstag geht aus allgemeinen und direkten Wahlen mit geheimer Abstimmung hervor.

Bis zu der gesetzlichen Regelung, welche im §. 5. des Wahlgesetzes vom 31. Mai 1869. (Bundesgesetzbl. 1869. S. 145.) vorbehalten ist, werden in Bayern 48, in Württemberg 17, in Baden 14, in Hessen südlich des Main 6 Abgeordnete gewählt, und beträgt demnach die Gesammtzahl der Abgeordneten 382.

---

[1]) Der zweite Satz des Art. 19 lautete in der Verfassung des Norddt. Bundes (BGB. 1867 S. 8) dahin:

Diese Exekution ist a. in Betreff militairischer Leistungen, wenn Gefahr im Verzuge, von dem Bundesfeldherrn anzuordnen und zu vollziehen, b. in allen anderen Fällen aber von dem Bundesrathe zu beschließen und von dem Bundesfeldherrn zu vollstrecken. Die Exekution kann bis zur Sequestration des betreffenden Landes und seiner Regierungsgewalt ausgedehnt werden. In den unter a. bezeichneten Fällen ist dem Bundesrathe von Anordnung der Exekution, unter Darlegung der Beweggründe, ungesäumt Kenntniß zu geben.

[2]) a. Vgl v. Rönne's Staatsrecht des D. Reichs, 2. Aufl.. Bd. I. §§ 28—40 S. 237 ff. b. Bezüglich der Errichtung des Reichstagsgebäudes und der Kosten desselben vgl. § 1 Nr. 3 des RG. v. 8. Juli 1883 (RGB. S. 217).

1. Bis zu der im Art. 20 der Reichsverfassung vorbehaltenen gesetzlichen Regelung werden in Elsaß-Lothringen 15 Abgeordnete zum Deutschen Reichstage gewählt (RG. v. 25. Juni 1873, betr. die Einführung der Verfassung des Deutschen Reichs in Elsaß-Lothringen, § 3, RGB. 1873 S. 161, GB. f. Els.-Lothr. 1873 S. 131)[1].

Die Gesammtzahl der Abgeordneten beträgt demnach jetzt 397.

2. Wahlgesetz für den Reichstag des Norddeutschen Bundes v. 31. Mai 1869 (BGB. 1869 S. 145)[2].

Wir Wilhelm, von Gottes Gnaden König von Preußen 2c. verordnen im Namen des Norddeutschen Bundes, nach erfolgter Zustimmung des Bundesrathes und des Reichstages, was folgt:

§ 1. Wähler für den Reichstag des Norddeutschen Bundes ist jeder Norddeutsche, welcher das fünfundzwanzigste Lebensjahr zurückgelegt hat, in dem Bundesstaate, wo er seinen Wohnsitz hat.

§ 2. Für Personen des Soldatenstandes des Heeres und der Marine ruht die Berechtigung zum Wählen so lange, als dieselben sich bei der Fahne befinden[3].

---

[1]) Vgl. zum Art. 1 der Reichsverfassung, Zus. III, oben S. 19.

[2]) Das für den Reichstag des Nordd. Bundes ergangene Wahlgesetz v. 31. Mai 1869 ist zuf. der Bestimmung des Art. 80 Ziffer I Nr. 13 der zwischen dem Nordd. Bunde und Baden und Hessen vereinbarten Verfassung des D. Bundes (BGB. 1870 S. 647), und zuf. des Art. 1 und des Art. 2 Ziffer 6 des Bündnißvertrages mit Württemberg v. 25. Nov. 1870 (BGB. 1870 S. 654), sowie zuf. der Bestimmung des Bündnißvertrages mit Bayern v. 23. Nov. 1870 Ziffer III. § 8 (BGB 1871 S. 21) als Reichsgesetz in Kraft getreten.

[3]) Das Reichsmilitärgesetz v. 2. Mai 1874 bestimmt im § 49 Abs. 1 (RGB. 1874 S. 45): „Für die zum aktiven Heere gehörigen Militärpersonen, mit Ausnahme der Militärbeamten, ruht die Berechtigung zum Wählen sowohl in Betreff der Reichsvertretung, als in Betreff der einzelnen Landesvertretungen. Eine Vereinigung der hiernach wahlberechtigt bleibenden Militärpersonen zu besonderen Militär-Wahlbezirken für die Wahl der auf indirektem Wahlrecht beruhenden Landesvertretungen darf nicht stattfinden.“

§ 3. Von der Berechtigung zum Wählen sind ausgeschlossen:
1) Personen, welche unter Vormundschaft oder Kuratel stehen;
2) Personen, über deren Vermögen Konkurs- oder Fallitzustand gerichtlich eröffnet worden ist und zwar während der Dauer dieses Konkurs- oder Fallit-Verfahrens;
3) Personen, welche eine Armenunterstützung aus öffentlichen oder Gemeinde-Mitteln beziehen, oder im letzten der Wahl vorhergegangenen Jahre bezogen haben;
4) Personen, denen in Folge rechtskräftigen Erkenntnisses der Vollgenuß der staatsbürgerlichen Rechte entzogen ist, für die Zeit der Entziehung, sofern sie nicht in diese Rechte wieder eingesetzt sind [1].

Ist der Vollgenuß der staatsbürgerlichen Rechte wegen politischer Vergehen oder Verbrechen entzogen, so tritt die Berechtigung zum Wählen wieder ein, sobald die außerdem erkannte Strafe vollstreckt, oder durch Begnadigung erlassen ist.

§ 4. Wählbar zum Abgeordneten ist im ganzen Bundesgebiete jeder Norddeutsche, welcher das fünfundzwanzigste Lebensjahr zurückgelegt und einem zum Bunde gehörigen Staate seit mindestens einem Jahre angehört hat, sofern er nicht durch die Bestimmungen in dem §. 3. von der Berechtigung zum Wählen ausgeschlossen ist.

§ 5. In jedem Bundesstaate wird auf durchschnittlich 100,000 Seelen derjenigen Bevölkerungszahl, welche den Wahlen zum verfassunggebenden Reichstage zu Grunde gelegen hat, Ein Abgeordneter gewählt. Ein Ueberschuß von mindestens 50,000 Seelen der Gesammtbevölkerung eines Bundesstaates wird vollen 100,000 Seelen gleich gerechnet. In einem Bundesstaate, dessen Bevölkerung 100,000 Seelen nicht erreicht, wird Ein Abgeordneter gewählt.

Demnach beträgt die Zahl der Abgeordneten 297 und kommen auf Preußen 235, Sachsen 23, Hessen 3, Mecklenburg-Schwerin 6, Sachsen-Weimar 3, Mecklenburg-Strelitz 1, Oldenburg 3, Braunschweig 3, Sachsen-Meinigen 2, Sachsen-Altenburg 1, Sachsen-Koburg-Gotha 2, Anhalt 2, Schwarzburg-Rudolstadt 1, Schwarzburg-

[1]) Vgl. §§ 32—47 und 45 des Reichsstrafgesetzb. v. 15. Mai 1871 bezw. 26. Febr. 1876 (RGB 1876 S. 39).

Sondershausen 1, Waldeck 1, Reuß ältere Linie 1, Reuß jüngere Linie 1, Schaumburg-Lippe 1, Lippe 1, Lauenburg 1, Lübeck 1, Bremen 1, Hamburg 3.

Eine Vermehrung der Zahl der Abgeordneten in Folge der steigenden Bevölkerung wird durch das Gesetz bestimmt.

§ 6. Jeder Abgeordnete wird in einem besonderen Wahlkreise gewählt.

Jeder Wahlkreis wird zum Zwecke der Stimmabgabe in kleinere Bezirke getheilt, welche möglichst mit den Ortsgemeinden zusammenallen sollen, sofern nicht bei volkreichen Ortsgemeinden eine Unterabtheilung erforderlich wird.

Mit Ausschluß der Exklaven müssen die Wahlkreise, sowie die Wahlbezirke räumlich abgegrenzt und thunlichst abgerundet sein.

Ein Bundesgesetz wird die Abgrenzung der Wahlkreise bestimmen. Bis dahin sind die gegenwärtigen Wahlkreise beizubehalten, mit Ausnahme derjenigen, welche zur Zeit nicht örtlich abgegrenzt und zu einem räumlich zusammenhängenden Bezirke abgerundet sind. Diese müssen zum Zwecke der nächsten allgemeinen Wahlen gemäß der Vorschrift des dritten Absatzes gebildet werden.

§ 7. Wer das Wahlrecht in einem Wahlbezirke ausüben will, muß in demselben, oder, im Falle eine Gemeinde in mehrere Wahlbezirke getheilt ist, in einem derselben zur Zeit der Wahl seinen Wohnsitz haben.

Jeder darf nur an Einem Orte wählen.

§ 8. In jedem Bezirke sind zum Zwecke der Wahlen Listen anzulegen, in welche die zum Wählen Berechtigten nach Zu- und Vornamen, Alter, Gewerbe und Wohnort eingetragen werden.

Diese Listen sind spätestens vier Wochen vor dem zur Wahl bestimmten Tage zu Jedermanns Einsicht auszulegen, und ist dies zuvor unter Hinweisung auf die Einsprachefrist öffentlich bekannt zu machen. Einsprachen gegen die Listen sind binnen acht Tagen nach Beginn der Auslegung bei der Behörde, welche die Bekanntmachung erlassen hat, anzubringen und innerhalb der nächsten vierzehn Tage zu erledigen, worauf die Listen geschlossen werden. Nur diejenigen sind zur Theilnahme an der Wahl berechtigt, welche in die Listen aufgenommen sind.

Bei einzelnen Neuwahlen, welche innerhalb Eines Jahres nach der letzten allgemeinen Wahl stattfinden, bedarf es einer neuen Aufstellung und Auslegung der Wahlliste nicht.

§ 9. Die Wahlhandlung, sowie die Ermittelung des Wahlergebnisses, sind öffentlich.

Die Funktion der Vorsteher, Beisitzer und Protokollführer bei der Wahlhandlung in den Wahlbezirken und der Beisitzer bei der Ermittelung des Wahlergebnisses in den Wahlkreisen ist ein unentgeltliches Ehrenamt und kann nur von Personen ausgeübt werden, welche kein unmittelbares Staatsamt bekleiden.

§ 10. Das Wahlrecht wird in Person durch verdeckte, in eine Wahlurne niederzulegende Stimmzettel ohne Unterschrift ausgeübt.

Die Stimmzettel müssen von weißem Papier und dürfen mit keinem äußeren Kennzeichen versehen sein.

§ 11. Die Stimmzettel sind außerhalb des Wahllokals mit dem Namen des Kandidaten, welchem der Wähler seine Stimme geben will, handschriftlich oder im Wege der Vervielfältigung zu versehen.

§ 12. Die Wahl ist direkt. Sie erfolgt durch absolute Stimmenmehrheit aller in einem Wahlkreise abgegebenen Stimmen. Stellt bei einer Wahl eine absolute Stimmenmehrheit sich nicht heraus, so ist nur unter den zwei Kandidaten zu wählen, welche die meisten Stimmen erhalten haben.

Bei Stimmengleichheit entscheidet das Loos.

§ 13. Ueber die Gültigkeit oder Ungültigkeit der Wahlzettel entscheidet mit Vorbehalt der Prüfung des Reichstages allein der Vorstand des Wahlbezirkes nach Stimmenmehrheit seiner Mitglieder.

Die ungültigen Stimmzettel sind zum Zwecke der Prüfung durch den Reichstag dem Wahlprotokoll beizufügen. Die gültig befundenen bewahrt der Vorsteher der Wahlhandlung in dem Wahlbezirke so lange versiegelt, bis der Reichstag die Wahl definitiv gültig erklärt hat.

§ 14. Die allgemeinen Wahlen sind im ganzen Bundesgebiete an dem von dem Bundespräsidium bestimmten Tage vorzunehmen.

§ 15. Der Bundesrath ordnet das Wahlverfahren, soweit dasselbe nicht durch das gegenwärtige Gesetz festgestellt worden ist, durch ein einheitliches, für das ganze Bundesgebiet gültiges Wahlreglement[1]).

Dasselbe kann nur unter Zustimmung des Reichstages abgeändert werden.

§ 16. Die Kosten für die Druckformulare zu den Wahlprotokollen und für die Ermittelung des Wahlergebnisses in den Wahlkreisen werden von den Bundesstaaten, alle übrigen Kosten des Wahlverfahrens werden von den Gemeinden getragen.

§ 17. Die Wahlberechtigten haben das Recht, zum Betrieb der den Reichstag betreffenden Wahlangelegenheiten Vereine zu bilden und in geschlossenen Räumen unbewaffnet öffentliche Versammlungen zu veranstalten.

Die Bestimmungen der Landesgesetze über die Anzeige der Versammlungen und Vereine, sowie über die Ueberwachung derselben, bleiben unberührt.

§ 18. Das gegenwärtige Gesetz tritt bei der ersten nach dessen Verkündigung stattfindenden Neuwahl des Reichstages in Kraft. Von dem nämlichen Zeitpunkte an verlieren alle bisherigen Wahlgesetze für den Reichstag nebst den dazu erlassenen Ausführungsgesetzen, Verordnungen und Reglements ihre Gültigkeit.

Urkundlich unter Unserer Höchsteigenhändigen Unterschrift und beigedrucktem Bundes-Insiegel.

Gegeben Schloß Babelsberg, den 31. Mai 1869.

(L. S.) Wilhelm.

Gr. v. Bismarck-Schönhausen.

---

[1]) Dieses Wahlreglement ist unterm 28. Mai 1870 (BGB. 1870 S. 275) ergangen. Vgl. dazu die Berichtigungen in BGB. 1870 S. 488, und die Bekanntm. v. 27. Febr 1871 mit den Nachträgen zum Wahlregl. v. 28. Mai 1870 (BGB. 1871 S. 35 ff.) und v. 24. Jan. 1872, betr. eine Abänderung in Anl. D. des Wahlregl. v. 28. Mai 1870 (RGB. 1872 S. 38), sowie das RG. v. 20. Juni 1873, betr. die Abänderung der Reichstagswahlkreise 5 und 6 des Regierungsbezirks Oppeln im Königreiche Preußen (RGB. 1873 S. 144) und des RG. v. 25. Dez. 1876, betr. die Abänderung mehrerer Reichstagswahlkreise in Braunschweig, Hannover, Lauenburg und Westphalen (RGB. 1876 S. 275).

3. Zuf. § 6 des RG. v. 25. Juni 1873 (RGB. 1873 S. 161, GB. f. Elf.=Lothr. 1873 S. 131)[1]) gilt das Wahl=G. v. 31. Mai 1869 auch für Elsaß=Lothringen[2]).

Dazu: Bekanntmachung des Reichskanzlers v. 1. Dez. 1873, betr. die Feststellung der Wahlkreise in Elsaß-Lothringen für die Wahlen zum Deutschen Reichstage (RGB. 1873 S. 373, GB. f. Elf.=Lothr. 1873 S. 315).

4. Ueber die Bestrafung der Wahlfälschungen und des Kaufes oder Verkaufes von Wahlstimmen vgl. §§ 108 und 109 des Strafgesetzbuchs für das Deutsche Reich (RGB. 1876 S. 61).

Artikel 21.

Beamte bedürfen keines Urlaubs zum Eintritt in den Reichstag.

Wenn ein Mitglied des Reichstages ein besoldetes Reichsamt oder in einem Bundesstaat ein besoldetes Staatsamt annimmt oder im Reichs= oder Staatsdienste in ein Amt eintritt, mit welchem ein höherer Rang oder ein höheres Gehalt verbunden ist, so verliert es Sitz und Stimme in dem Reichstag und kann seine Stelle in demselben nur durch neue Wahl wieder erlangen.

RG. v. 31. März 1873, betreffend die Rechtsverhältnisse der Reichsbeamten (RGB. 1873 S. 61) § 14 Abs. 2:

---

[1]) Vgl. Zuf. III. zum Art. 1 der Reichsverfassung.

[2]) Auf Grund des § 6 des RG. v. 25. Juni 1873 und des § 15 des Wahlgesetzes v. 31. Mai 1869 ist das Wahlreglement v. 28. Mai 1870 auch für Elsaß=Lothringen publizirt (GB. f. Elf.=Lothr. 1873 S. 316) und durch einen Nachtrag v. 1. Dez. 1873 (RGB. 1873 S. 374, GB. f. Elf.=Lothr. 1873 S. 330) ergänzt worden.

In Krankheitsfällen, sowie in solchen Abwesenheitsfällen, zu denen die Beamten eines Urlaubs nicht bedürfen (Reichsverfassung Art. 21), findet ein Abzug vom Gehalte nicht statt. Die Stellvertretungskosten fallen der Reichskasse zur Last.

Artikel 22.

Die Verhandlungen des Reichstages sind öffentlich.

Wahrheitsgetreue Berichte über Verhandlungen in den öffentlichen Sitzungen des Reichstages bleiben von jeder Verantwortlichkeit frei.

Vgl. Reichsstrafgesetzb. v. 26 Febr. 1876 § 12 (RGB. 1876 S. 42).

Artikel 23.

Der Reichstag hat das Recht, innerhalb der Kompetenz des Reichs Gesetze vorzuschlagen und an ihn gerichtete Petitionen dem Bundesrathe resp. Reichskanzler zu überweisen.

Artikel 24.

Die Legislaturperiode des Reichstages dauert drei Jahre. Zur Auflösung des Reichstages während derselben ist ein Beschluß des Bundesrathes unter Zustimmung des Kaisers erforderlich.

Durch das (transitorische) RG. v. 21. Juli 1870 (BGB. 1870 S. 498) ist die Legislaturperiode des am 31. Aug. 1867 gewählten Reichstages des Nordd. Bundes für die Dauer des damaligen Krieges mit Frankreich, jedoch nicht über den 31. Dez. 1870 hinaus, verlängert worden.

Artikel 25.

Im Falle der Auflösung des Reichstages müssen innerhalb eines Zeitraumes von 60 Tagen nach derselben die Wähler und innerhalb eines Zeitraumes von 90 Tagen nach der Auflösung der Reichstag versammelt werden.

Artikel 26.

Ohne Zustimmung des Reichstages darf die Vertagung desselben die Frist von 30 Tagen nicht übersteigen und während derselben Session nicht wiederholt werden.

Artikel 27.

Der Reichstag prüft die Legitimation seiner Mitglieder und entscheidet darüber. Er regelt seinen Geschäftsgang und seine Disziplin durch eine Geschäfts-Ordnung[1]) und erwählt seinen Präsidenten, seine Vizepräsidenten und Schriftführer.

Artikel 28.

Der Reichstag beschließt nach absoluter Stimmenmehrheit. Zur Gültigkeit der Beschlußfassung ist die Anwesenheit der Mehrheit der gesetzlichen Anzahl der Mitglieder erforderlich.

Bei der Beschlußfassung über eine Angelegenheit, welche nach den Bestimmungen dieser Verfassung nicht dem ganzen Reiche gemeinschaftlich ist, werden die

---

[1]) Vgl. Geschäftsordnung für den Reichstag des Nordd. Bundes v. 12. Juni 1868, mit Abänderungen v. 17. April und 12. Mai 1869, 12. März 1870, 22. Mai 1872 und 9. April 1874 (Berlin bei J. Sittenfeld). Mit den (vorgedachten) Abänderungen abgedruckt in Guttentag's Gesetzgeb. des D. Reiches Bd. II S. 332 ff.

Stimmen nur derjenigen Mitglieder gezählt, die in Bundesstaaten gewählt sind, welchen die Angelegenheit gemeinschaftlich ist.

RG. v. 24. Febr. 1873, betr. die Abänderung des Art. 28 der Reichsverfassung (RGB. 1873 S. 45).

Wir Wilhelm, von Gottes Gnaden Deutscher Kaiser, König von Preußen rc. verordnen im Namen des Deutschen Reichs, nach erfolgter Zustimmung des Bundesrathes und des Reichstages, was folgt:

Einziger Artikel

Der Absatz 2 des Artikels 28 der Reichsverfassung ist aufgehoben.

Urkundlich unter Unserer Höchsteigenhändigen Unterschrift und beigedrucktem Kaiserlichen Insiegel.

Gegeben Berlin, den 24. Februar 1873.

(L. S.) Wilhelm.

Fürst v. Bismarck.

Artikel 29.

Die Mitglieder des Reichstages sind Vertreter des gesammten Volkes und an Aufträge und Instruktionen nicht gebunden.

Artikel 30.

Kein Mitglied des Reichstages darf zu irgend einer Zeit wegen seiner Abstimmung oder wegen der in Ausübung seines Berufes gethanen Aeußerungen gerichtlich oder disziplinarisch verfolgt oder sonst außerhalb der Versammlung zur Verantwortung gezogen werden.

Vgl. Reichsstrafgesetzb. v. 26. Febr. 1876 § 11 (RGB. 1876 S. 41).

Artikel 31.

Ohne Genehmigung des Reichstages kann kein Mitglied desselben während der Sitzungsperiode wegen einer mit Strafe bedrohten Handlung zur Untersuchung gezogen oder verhaftet werden, außer wenn es bei Ausübung der That oder im Laufe des nächstfolgenden Tages ergriffen wird.

Gleiche Genehmigung ist bei einer Verhaftung wegen Schulden erforderlich [1]).

Auf Verlangen des Reichstages wird jedes Strafverfahren gegen ein Mitglied desselben und jede Untersuchungs- oder Civilhaft für die Dauer der Sitzungsperiode aufgehoben.

Artikel 32.

Die Mitglieder des Reichstages dürfen als solche keine Besoldung oder Entschädigung beziehen.

VI. Zoll- und Handelswesen [2]).

Artikel 33.

Deutschland bildet ein Zoll- und Handelsgebiet, umgeben von gemeinschaftlicher Zollgrenze. Ausgeschlossen

---

[1]) Vgl. BG. v. 29. Mai 1868, betr. die Aufhebung der Schuldhaft (BGB. 1868 S. 237). Vgl. Civil-Proz.-O. v. 30. Jan. 1877 § 785 Nr. 1 (RGB. 1877 S. 228).

[2]) Vgl. v. Rönne's Staatsrecht des D. Reiches, 2. Aufl., Bd. II. Abth. 1 § 92 S. 184 ff.

bleiben die wegen ihrer Lage zur Einschließung in die Zollgrenze nicht geeigneten einzelnen Gebietstheile.

Vgl. Art. 6 des Zoll- und Handelsvereinsvertrags v. 8. Juli 1867 (BGB. 1867 S. 91) und Bekanntmachung des Reichskanzlers v. 18. Nov. 1868 (BGB. 1868 S. 518).

Bekanntmachung des Reichskanzlers v. 20. Dez. 1881, betr. den Anschluß eines Theils der Unterelbe an das Deutsche Zollgebiet, mit dem Regulativ, betr. die zollamtliche Behandlung der Waaren-Ein-, Aus- und Durchfuhr auf dem zum Deutschen Zollgebiete gehörigen Theile der Unterelbe (RCB. 1881 S. 464).

Alle Gegenstände, welche im freien Verkehr eines Bundesstaates befindlich sind, können in jeden anderen Bundesstaat eingeführt und dürfen in letzterem einer Abgabe nur insoweit unterworfen werden, als daselbst gleichartige inländische Erzeugnisse einer inneren Steuer unterliegen.

G. v 17. Juli 1871, betr. die Einführung des Art. 33 der Reichsverfassung in Elsaß-Lothringen (vom 1. Jan. 1872 an) (RGB. 1871 S. 325, GB. f. Elf.-Lothr. f. 1871 S. 247).

Dazu. V. v. 19. Aug. 1871 (RGB. 1871 S. 326, GB. f. Elf.-Lothr. 1871 S. 253) und V. v. 30. Aug. 1871 (RGB. 1871 S. 329, GB. f. Elf.-Lothr. 1871 S. 335).

Artikel 34.

Die Hansestädte Bremen und Hamburg mit einem dem Zweck entsprechenden Bezirke ihres oder des umliegenden Gebietes bleiben als Freihäfen außerhalb der gemeinschaftlichen Zollgrenze, bis sie ihren Einschluß in dieselbe beantragen.

Zollvereins-G. v. 1. Juli 1869, betr. die Sicherung der Zollvereinsgesetze in den vom Zollgebiete ausgeschlossenen Hamburgischen Gebietstheilen (BGB. 1869 S. 370).

RG. v. 28. Juni 1879, betr. die Sicherung der gemeinschaftlichen Zollgrenze in den vom Zollgebiete ausgeschlossenen Bremischen Gebietstheilen (RGB. 1879 S. 159).

RG. v. 16. Febr. 1882, betr. die Ausführung des Anschlusses der freien und Hansestadt Hamburg an das Deutsche Zollgebiet (RGB. 1882 S. 39).

RG. v. 31. März 1885, betr. den Beitrag des Reichs zu den Kosten des Anschlusses der freien Hansestadt Bremen an das Deutsche Zollgebiet (RGB. 1885 S. 79).

Artikel 35 [1]).

Das Reich ausschließlich hat die Gesetzgebung über das gesammte Zollwesen, über die Besteuerung des im Bundesgebiete gewonnenen Salzes und Tabacks, bereiteten Branntweins und Bieres und aus Rüben oder anderen inländischen Erzeugnissen dargestellten Zuckers und Syrups, über den gegenseitigen Schutz der in den einzelnen Bundesstaaten erhobenen Verbrauchsabgaben gegen Hinterziehungen, sowie über die Maßregeln, welche in den Zollausschlüssen zur Sicherung der gemeinsamen Zollgrenze erforderlich sind.

1. Zollwesen:
   a) G. v. 18. Mai 1868 wegen Abänderung einzelner Bestimmungen der Zoll-Ordn. und der Zollstrafgesetzgebung (BGB. 1868 S. 225), welches durch § 166 des Vereins-Zollges. v. 1. Juli 1869 aufgehoben ist.
   b) Vereins-Zollges. v. 1. Juli 1869 (BGB. 1869 S. 317) [2]).

---

[1]) Vgl. v. Rönne's Staatsrecht des D. Reiches, ebendas. Bd. II. Abth. 1 §§ 75 ff. S. 94 ff.

[2]) Ueber die Geltung dieses Gesetzes im ganzen Deutschen Zollvereinsgebiete vgl. Guttentag's Gesetzgeb. Bd. I S. 707 Note 1, und das Gesetz selbst mit den dazu erlassenen Ausführungsverordnungen ebendas. S. 707—766.

c) RG. v. 15. Juli 1879, betr. den Zolltarif des Deutschen Zollgebiets und den Ertrag der Zölle und der Tabacksteuer (RGB. 1879 S. 207)[1].

Dazu:

α) RG. v. 6. Juni 1880, betr. die Abänderung des Zolltarifs des Deutschen Zollgebiets (RGB. 1880 S. 120).

β) RG. v. 19. Juni 1881, betr. die Abänderung des Zolltarifs (RGB. 1881 S. 119).

γ) RG. v. 21. Juni 1881, betr. die Abänderung des Zolltarifs (RGB. 1881 S. 121).

δ) RG. v. 23. Juni 1882, betr. die Abänderung des Zolltarifgesetzes v. 15. Juli 1879 (RGB. 1882 S. 59).

ε) RG. v. 22. Mai 1885, betr. die Abänderung des Zolltarifgesetzes v. 15. Juli 1879 (RGB. 1885 S. 93).

Durch § 5 des letztgedachten Ges. ist der Reichskanzler ermächtigt, den Text des Zolltarifges. v. 15. Juli 1879,

---

[1]) a. Die älteren Zolltarifsgesetze v. 25. Mai 1868 (BGB. 1868 S. 316), 17. Mai 1870 (BGB. 1870 S. 123) und 7 Juli 1873 (RGB. 1873 S. 241 u. GB. f. Elf.-Lothr. 1873 S. 191) nebst der Bekanntmachung des Reichskanzlers v. 12. Juli 1873, betr. die neue Redaktion des Zolltarifs (RGB. 1873 S. 244, GB. f. Elf.-Lothr 1873 S. 194) sind durch dies Gesetz erledigt.

b. Das RG. v. 30. Mai 1879, betr die vorläufige Einführung und Aenderungen des Zolltarifs (RGB. 1879 S. 149) und die auf Grund desselben erlassenen Bekanntmachungen des Reichskanzlers v. 31. Mai 1879 (RGB. 1879 S. 150), v. 5. Juli 1879 (RGB. 1879 S. 161) und v. 7 Juli 1879 (RGB. 1879 S. 161) haben durch die Publikation des Reichsgesetzes v. 15. Juli 1879 ihre Erledigung gefunden.

c. Zur Ausführung des Reichsgesetzes v. 15. Juli 1879 gefaßte Beschlüsse des Bundesrathes vgl. im RCB. 1879 S. 829 u. 842, 1880 S. 285, 300, 394, 399, 411, 1881 S. 247, 1882 S. 268, 1883 S. 221, 243, 295, 351, 1885 S. 261, 380.

wie er sich aus den Aenderungen ergiebt, welche durch die vorgedachten Gesetze (α—ε) festgestellt sind, durch das RGB. bekannt zu machen. Auf Grund dieser Ermächtigung ist der Text des Zolltarifges. v. 15. Juli 1879 neu redigirt und durch die Bekanntmachung des Reichskanzlers v. 24. Mai 1885 (RGB. 1885 S. 111) veröffentlicht worden.

Dazu RG. v. 18. April 1886, betr. einen Zusatz zum § 5 des Zolltarifges. v. $\frac{\text{15. Juli 1879}}{\text{22. Mai 1885}}$ (RGB. 1886 S. 123).

ζ) RG. v. 20. Juli 1879, betr. die Statistik des Waarenverkehrs des Deutschen Zollgebiets mit dem Auslande (RGB. 1879 S. 261).

Vgl. das G. v. 20. Juli 1879 mit den zu demselben erlassenen Ausführungsbestimmungen in Guttentag's Gesetzgeb. des D. Reichs Bd. IV S. 965—1020.

2. Salzsteuer.

BG. v. 12. Okt. 1867, betr. die Erhebung einer Abgabe von Salz (BGB. 1867 S. 41), nebst Uebereinkunft der Zollvereinsstaaten v. 8. Mai 1867 wegen Erhebung einer Abgabe von Salz (a. a. O. S. 49 ff.).

3. Tabacksteuer.

a) RG. v. 16. Juli 1879, betr. die Besteuerung des Tabacks (RGB. 1879 S. 245)[1].

b) RG. v. 26. Juni 1878, betr. Erhebungen über den Tabackbau, die Tabackfabrikation und den Tabackhandel (RBG. 1878 S. 129).

c) RG. v. 5. April 1885, betr. Abänderung der §§ 12, 16 und 19 des G., betr. die Erhebung der Tabacksteuer v. 16. Juli 1879 (RGB. 1885 S. 83).

---

[1] a. Durch dieses Gesetz ist das Zollvereinsgesetz v. 26. Mai 1868, betr. die Besteuerung des Tabacks (BGB. 1868 S. 319), aufgehoben worden.

b. Vgl. das Gesetz v. 16. Juli 1879 mit den zu demselben erlassenen Ausführungsvorschriften in Guttentag's Gesetzgeb. des D. Reiches Bd. IV. S. 844—936.

4. **Branntweinsteuer und Biersteuer.**

a) BG. v. 4. Mai 1868, betr. die Erhebung einer Abgabe von der Branntweinbereitung in den Hohenzollernschen Landen (BGB. 1868 S. 151) und RG. v. 15. Nov. 1874, betr. die Abgabe von der Branntweinbereitung in den Hohenzollernschen Landen (RGB. 1874 S. 133).

b) BG. v. 4. Juli 1868 wegen Besteuerung des Braumalzes in verschiedenen zum Nordd. Bunde gehörenden Staaten und Gebietstheilen (BGB. 1868 S. 375).

c) BG. v. 8. Juli 1868, betr. die Besteuerung des Branntweins in verschiedenen zum Nordd. Bunde gehörenden Staaten und Gebietstheilen (BGB. 1868 S. 384).

d) Die beiden vorgedachten Gesetze (zu b und c) sind durch besondere Verordnungen eingeführt worden in Mecklenburg, Lauenburg, Lübeck und Preußischen und Hamburgischen Gebietstheilen (V. v. 29. Juli 1868, BGB. 1868 S. 465); in verschiedenen Preußischen und Hamburgischen Gebietstheilen (V. v. 19. Okt. 1868, BGB 1868 S 513); in der Hamburgischen Voigtei Moorwärder und in einem Theile der Preußischen Insel Wilhelmsburg (V. v. 5. Juni 1869, BGB. 1869 S. 241), und in dem dem Zollvereine einzuschließenden Gebietstheile der Stadt Altona (V. v. 29. Dez. 1871, BGB. 1871 S 483).

e) RG. v. 16. Nov. 1874, betr. die Besteuerung des Branntweins in Gebietstheilen, welche in die Zollvereinsgrenze eingeschlossen werden (RGB. 1874 S. 134).

f) BG v 8. Juli 1868, betr die subsidiarische Haftung des Brauerei-Unternehmers für Zuwiderhandlungen gegen die Braumalzsteuergesetze durch Verwalter, Gewerbsgehülfen und Hausgenossen (BGB. 1868 S. 403), und BG v. 8. Juli 1868, betr. die subsidiarische Haftung des Brennerei-Unternehmers für Zuwiderhandlungen gegen die Branntweinsteuer-Gesetze durch Verwalter, Gewerbsgehülfen und Hausgenossen (a. a. O. S. 404).

g) Vertrag v. 9. April 1868 zwischen dem Nordd. Bunde und Hessen, betr. die Besteuerung des Branntweins und Biers in dem nicht zum Nordd. Bunde gehörigen Theile des Großherzogthums Hessen (BGB. 1868 S. 466).

h) RG. v. 31. Mai 1872 wegen Erhebung der Brausteuer (RGB. 1872 S. 153).

Dazu: RG. v. 23. Dez. 1876, betr. die Abänderung des § 44 des Gesetzes wegen Erhebung der Brausteuer v. 31. Mai 1872 (RGB. 1876 S. 237)[1].

i) RG. v. 19. Juli 1879, betr die Steuerfreiheit des Branntweins zu gewerblichen Zwecken (RGB. 1879 S. 259).

Dazu: Regulativ (des Bundesrathes) v. 23. Dez. 1879, betr. die Steuerfreiheit des Branntweins zu gewerblichen Zwecken (RCB. 1879 S. 781 ff.) und Beschluß des Bundesrathes v. 7. Juli 1881, betr. Abänderung dieses Regulativs (RCB. 1881 S. 282).

k) Bekanntmachung des Reichskanzlers v. 18. Juli 1872, betr. die Umrechnung der Uebergangsabgaben von Bier, Branntwein und geschrotetem Malz, beziehungsweise der Steuervergütungen bei der Ausfuhr der genannten Erzeugnisse nach Maßgabe der durch die Maaß- und Gewichts-O. v. 17. Aug. 1868 eingeführten metrischen Maaße (RGB. 1872 S. 293).

An die Stelle dieser Bekanntmachung ist (in Folge der Einführung der Reichsmarkrechnung) die Bekanntmachung des Reichskanzlers v. 15. Jan. 1877, betr. die Umrechnung der Uebergangsabgaben und Ausfuhrvergütungen, welche von Staaten, wo innere Steuern auf die Hervorbringung oder Zubereitung gewisser Erzeugnisse gelegt sind, erhoben, beziehungsweise bewilligt werden (RGB. 1877 S. 9), getreten.

Dazu: *α.* Bekanntmachungen des Reichskanzlers v. 3. März 1880, betr. Abänderung der Bayrischen Uebergangsabgaben und Rückvergütungssätze für Bier (RGB. 1880 S. 25) und v. 9. Nov. 1880, betr. Abänderung der Uebergangsabgaben

---

[1]) Dies Gesetz ist an die Stelle des durch dasselbe aufgehobenen Gesetzes v. 26. Dez. 1875 (RGB. 1875 S. 377) getreten.

für Branntwein und Einführung einer Steuerrückvergütung für solche in Bayern (RGB. 1880 S. 189), β. Bekanntmachungen des Reichskanzlers v. 20. Mai und v. 9. Nov. 1880, betr. Abänderung der Sätze der Badischen Uebergangsabgaben und Rückvergütung für Branntwein (RGB. 1880 S. 112 u. 190) und v. 10. Juni 1881, betr. die Uebergangsabgabe und die Steuerrückvergütung für Bier in Baden (RGB. 1881 S. 116) sowie Bekanntmachung des Reichskanzlers v. 28. Mai 1883, betr. die Uebergangsabgabe und die Steuerrückvergütung für Branntwein in Baden (RGB. 1883 S. 72); γ. Bekanntmachung des Reichskanzlers v. 25. Sept. 1878, betr. die Einführung von Uebergangsabgaben und Ausfuhrvergütungen für Bier, Branntwein und geschrotetes Malz in der Bayerischen Pfalz (RGB. 1878 S. 347); δ. Bekanntmachung des Reichskanzlers v. 7. Juli 1881, betr. die Abänderung der Uebergangsabgabensätze für Bier, Branntwein und Malz in Württemberg (RGB. 1881 S. 232) und Bekanntmachung des Reichskanzlers v. 18. Dez. 1883, betr. die Veränderung des Uebergangsabgabensatzes für braunes Bier in Württemberg (RGB. 1883 S. 341).

l) Bekanntmachung des Reichskanzlers v. 29. Dez. 1883, betr. die Uebersicht der Uebergangsabgaben und Ausfuhrvergütungen, welche von Staaten, wo innere Steuern auf die Hervorbringung oder Zubereitung gewisser Erzeugnisse gelegt sind, erhoben bezw. bewilligt werden (RGB. 1884 S. 3).

5. Zuckersteuer.

a) Zollvereins-G. v. 26. Juni 1869, betr. die Besteuerung des Zuckers (BGB. 1869 S. 282).

b) Zollvereins-G. v. 2. Mai 1870 wegen Abänderung der V., die Besteuerung des im Inlande erzeugten Rübenzuckers betr. (BGB. 1870 S. 311).

c) RG. v. 7. Juli 1883, betr. die Steuervergütung für Zucker, (RGB. 1883 S. 157).

d) RG. v. 1. Juni 1886, die Besteuerung des Zuckers betreffend (RGB. 1886 S. 181).

6. Betr Elsaß-Lothringen.
   a) G. v. 17. Juli 1871, betr. die Einführung der Deutschen Zoll- und Steuergesetzgebung (GB. f. Elf.-Lothr. 1871 S. 37), und Bekanntmachung v. 2. Aug. 1871, betr. die Bestimmung des Tages (7. Aug. 1881), an welchem die Deutsche Zoll- und Steuergesetzgebung in Kraft tritt (a. a. O. S. 243).
   b) G. v. 16. Mai 1873, betr. die Besteuerung des Branntweins in Elsaß-Lothringen (RGB. 1873 S. 111, GB. f. Elf.-Lothr. 1873 S. 67).
   c) RG. v. 25. Juni 1873, betr. die Einführung der Verfassung des Deutschen Reichs in Elsaß-Lothringen, § 4 (betr. die Besteuerung des inländischen Bieres)[1]) (RGB. 1873 S. 161, GB. f. Elf.-Lothr. 1873 S. 131).
7. Ueber das Veto des Kaisers bezüglich der Gesetzesvorschläge über die im Art. 35 der Reichsverfassung bezeichneten Abgaben vgl. Art. 5 Abs. 2 der Reichsverfassung.

In Bayern, Württemberg und Baden bleibt die Besteuerung des inländischen Branntweins und Bieres der Landesgesetzgebung vorbehalten. Die Bundesstaaten werden jedoch ihr Bestreben darauf richten, eine Uebereinstimmung der Gesetzgebung über die Besteuerung auch dieser Gegenstände herbeizuführen.

1. Die nach Maßgabe der Zollvereinsverträge auch ferner zu erhebenden Uebergangsabgaben von Branntwein und Bier (Art. 35 u. 38 der Verf.) sind ebenso anzusehen, wie die auf die Bereitung dieser Getränke gelegte Abgabe. Prot. v. 15. Nov. 1870, betr. die Vereinbarung zwischen dem Nordd. Bunde, Baden und Hessen über Gründung des Deutschen Bundes, unter 2[2]) (BGB. 1870 S. 650), Verhandlung v. 25. Nov. 1870 über den Beitritt Württembergs zu der zwischen dem Nordd.

---

[1]) Vgl. Zus. III. zum Art. 1 der Reichsverfassung, oben S. 19.
[2]) Vgl. unten Anlage V.

Bunde, Baden und Hessen vereinbarten Verf. des Deutschen Bundes unter I d[1]) (BGB. 1870 S. 657), und Schlußprotokoll zu dem Vertrage v. 23. Nov. 1870, betr. den Beitritt Bayerns zur Verf. des Deutschen Bundes, unter X[2]) (BGB. 1871 S. 23).

2. Vgl. Art. 38 Abs. 4 der Reichsverfassung.

Artikel 36.

Die Erhebung und Verwaltung der Zölle und Verbrauchssteuern (Art. 35.) bleibt jedem Bundesstaate, soweit derselbe sie bisher ausgeübt hat, innerhalb seines Gebietes überlassen.

Der Kaiser überwacht die Einhaltung des gesetzlichen Verfahrens durch Reichsbeamte, welche er den Zoll- oder Steuerämtern und den Direktivbehörden der einzelnen Staaten, nach Vernehmung des Ausschusses des Bundesrathes für Zoll- und Steuerwesen, beiordnet.

Die von diesen Beamten über Mängel bei der Ausführung der gemeinschaftlichen Gesetzgebung (Art. 35.) gemachten Anzeigen werden dem Bundesrathe zur Beschlußnahme vorgelegt.

Vgl. Art. 7 Abs. 1 Nr. 3 der Reichsverfassung.

Artikel 37.

Bei der Beschlußnahme über die zur Ausführung der gemeinschaftlichen Gesetzgebung (Art. 35.) dienenden Verwaltungsvorschriften und Einrichtungen giebt die Stimme des Präsidiums alsdann den Ausschlag, wenn

---

1) Vgl. unten Anlage VI.

2) Vgl. unten Anlage VII.

sie sich für Aufrechthaltung der bestehenden Vorschrift oder Einrichtung ausspricht.

Vgl. Art. 5 Abs. 2 der Reichsverfassung.

Artikel 38.

Der Ertrag der Zölle und der anderen in Artikel 35. bezeichneten Abgaben, letzterer soweit sie der Reichsgesetzgebung unterliegen, fließt in die Reichskasse.

Dieser Ertrag besteht aus der gesammten von den Zöllen und den übrigen Abgaben aufgekommenen Einnahme nach Abzug:

1) der auf Gesetzen oder allgemeinen Verwaltungsvorschriften beruhenden Steuervergütungen und Ermäßigungen,

2) der Rückerstattungen für unrichtige Erhebungen,

3) der Erhebungs- und Verwaltungskosten, und zwar:

   a) bei den Zöllen der Kosten, welche an den gegen das Ausland gelegenen Grenzen und in dem Grenzbezirke für den Schutz und die Erhebung der Zölle erforderlich sind,

   b) bei der Salzsteuer der Kosten, welche zur Besoldung der mit Erhebung und Kontrolirung dieser Steuer auf den Salzwerken beauftragten Beamten aufgewendet werden,

   c) bei der Rübenzuckersteuer und Tabacksteuer der Vergütung, welche nach den jeweiligen Beschlüssen des Bundesrathes den einzelnen

Bundesregierungen für die Kosten der Verwaltung dieser Steuern zu gewähren ist,

d) bei den übrigen Steuern mit funfzehn Prozent der Gesammteinnahme.

Die außerhalb der gemeinschaftlichen Zollgrenze liegenden Gebiete tragen zu den Ausgaben des Reichs durch Zahlung eines Aversums bei.

Bayern, Württemberg und Baden haben an dem in die Reichskasse fließenden Ertrage der Steuern von Branntwein und Bier und an dem diesem Ertrage entsprechenden Theile des vorstehend erwähnten Aversums keinen Theil.

1. Vgl. Art. 35 Abs. 2 der Reichsverfassung und die Anm. 1 dazu.

2. An dem in die Reichskasse fließenden Ertrage der Steuer vom Bier und an dem diesem Ertrage entsprechenden Theile des im Art. 38 Abs. 3 erwähnten Aversums hat Elsaß-Lothringen keinen Theil (RG. v. 25. Juni 1873, betr. die Einführung der Verfassung des Deutschen Reichs in Elsaß-Lothringen, § 4 Abs. 2[1]), RGB. 1873 S. 161, GB. f. Elſ. Lothr 1873 S. 131).

3. Vgl. § 3 des RG. v. 4. Dez. 1871, betr. die Feststellung des Haushaltsetats des D. Reichs für das Jahr 1872 (RGB. 1871 S. 413).

Artikel 39.

Die von den Erhebungsbehörden der Bundesstaaten nach Ablauf eines jeden Vierteljahres aufzustellenden Quartal-Extrakte und die nach dem Jahres- und Bücherschlusse aufzustellenden Finalabschlüsse über die im Laufe des Vierteljahres, beziehungsweise während des Rech-

---

[1]) Vgl. Zus. III. zum Art. 1 der Reichsverfassung, oben S. 19.

nungsjahres fällig gewordenen Einnahmen an Zöllen und nach Artikel 38. zur Reichskasse fließenden Verbrauchsabgaben werden von den Direktivbehörden der Bundesstaaten, nach vorangegangener Prüfung, in Hauptübersichten zusammengestellt, in welchen jede Abgabe gesondert nachzuweisen ist, und es werden diese Uebersichten an den Ausschuß des Bundesrathes für das Rechnungswesen eingesandt.

Der letztere stellt auf Grund dieser Uebersichten von drei zu drei Monaten den von der Kasse jedes Bundesstaates der Reichskasse schuldigen Betrag vorläufig fest und setzt von dieser Feststellung den Bundesrath und die Bundesstaaten in Kenntniß, legt auch alljährlich die schließliche Feststellung jener Beträge mit seinen Bemerkungen dem Bundesrathe vor. Der Bundesrath beschließt über diese Feststellung.

Artikel 40.

Die Bestimmungen in dem Zollvereinigungsvertrage vom 8. Juli 1867. bleiben in Kraft, soweit sie nicht durch die Vorschriften dieser Verfassung abgeändert sind und so lange sie nicht auf dem im Artikel 7., beziehungsweise 78. bezeichneten Wege abgeändert werden.

1. Vgl. den Vertr. v. 8. Juli 1867 zwischen dem Nordd. Bunde, Bayern, Württemberg, Baden und Hessen, die Fortdauer des Zoll- und Handelsvereins betr., nebst dem dazu gehörigen Schlußprot. v. 8. Juli 1867, im BGB. 1867 Nr. 9 S. 81—124, desgl. in Guttentag's Gesetzgeb. Bd. I. S. 32—61, und über die fortdauernde Geltung dieses Vertrages v. Rönne's Staatsrecht des D. Reiches, 2. Aufl.,

Bd. II. Abth. 1 § 92 S. 194 ff. und Delbrück, der Art. 40 der Reichsverfassung (Berlin, 1881).

RG. v. 27. Mai 1885, betr. die Abänderung des Zollvereinigungsvertrages v. 8. Juli 1867 (RGB. 1885 S. 109).

2. Vgl. RG. v. 25. Juni 1873, betr. die Einführung der Verfassung des Deutschen Reichs in Elsaß-Lothringen, § 5[1]) (RGB. 1873 S. 161, GB. f. Els.-Lothr. 1873 S. 131).

VII. Eisenbahnwesen[2]).

1. Vgl. Art. 4 Nr 8 der Reichsverfassung.

2. G. v. 11. Dez. 1871, betr. die Einführung (v. 1. Jan. 1872 an) des Abschnitt VII. der Reichsverfassung über das Eisenbahnwesen in Elsaß-Lothringen (RGB. 1871 S. 444, GB. f. Els.-Lothr. 1871 S. 371).

3. RG. v. 27. Juni 1873, betr. die Errichtung eines Reichs-Eisenbahnamtes (RGB. 1873 S. 164).

Vgl. Anm. I. 2. g. zum Art. 18 der Reichsverfassung.

RG. v. 1. Mai 1874, betr. die Erwerbung eines Dienstgebäudes für das Reichseisenbahnamt (RGB. 1874 S. 39).

4. Allerh. Erl. v. 9. Dez. 1871, betr. die Einsetzung einer Behörde unter dem Namen „Kaiserliche Generaldirektion der Eisenbahnen in Elsaß-Lothringen" (RGB. 1871 S. 480, GB. f. Els.-Lothr. 1872 S. 4).

Allerh. Erl. v. 27. Mai 1878, betr. die Errichtung eines Reichsamts für die Verwaltung der Reichseisenbahnen (RGB. 1879 S. 193).

Vgl. Anm. I. 2. f. zum Art. 18 der Reichsverfassung.

5. RG. v. 14. Juni 1871, betr. die Beschaffung von Betriebsmitteln für die Eisenbahnen in Elsaß und Lothringen (RGB. 1871 S. 253).

---

[1]) Vgl. Zus. III. zum Art. 1 der Reichsverfassung, oben S. 19.

[2]) Vgl. v. Rönne's Staatsrecht des D. Reiches, 2. Aufl., Bd. II. Abth. 1 § 100 S. 314 ff.

RG. v. 22. Nov. 1871, v. 15. Juni 1872 und v. 18. Juni 1873 betr. den außerordentlichen Geldbedarf für die Reichseisenbahnen in Elsaß-Lothringen und für die im Großherzogthum Luxemburg belegenen Strecken der Wilhelm-Luxemburg-Eisenbahn (RGB. 1871 S. 396, 1872 S. 209 u. 1873 S. 143).

RG. v. 21. Mai 1877, betr. den Bau einer Eisenbahn von Teterchen bis zur Saarbahn bei Bouß und bei Völklingen (RGB. 1877 S. 513).

RG. v. 8. Mai 1878, betr. den Bau von Eisenbahnen in Lothringen (RGB. 1878 S. 93).

Dazu: Allerh. Erl. v. 14. Juni 1878 (RGB. 1878 S. 125).

RG. v. 9. Juli 1879, betr. den Bau von Eisenbahnen von Teterchen nach Diedenhofen und von Buchsweiler nach Schweighausen, sowie den Ausbau des zweiten Geleises zwischen den Bahnhöfen Teterchen und Hargarten-Falk (RGB. 1879 S. 195).

Dazu: Allerh. Erl. v. 13. Okt. 1880 (RGB. 1880 S. 187).

RG. v. 24. Mai 1881, betr. die Aufnahme einer Anleihe für die Reichseisenbahnen in Elsaß-Lothringen (RGB. 1881 S. 93).

Dazu: Allerh. Erl. v. 12. Dez. 1881 (RGB) 1881 S. 273).

6. RG. v. 15. Juli 1872, betr. die Uebernahme der Verwaltung der Wilhelm-Luxemburg-Eisenbahn (RGB. 1872 S. 329).

Vgl. Uebereinkunft wegen Uebernahme der Verwaltung der Wilhelm-Luxemburg-Eisenbahn durch die Kaiserl. Deutsche Eisenbahnverwaltung v. 11. Juni 1872 (RGB. 1872 S. 330) und Uebereinkunft zwischen Deutschland und Belgien, betr. den Betrieb des auf Belgischem Gebiete belegenen Theils der Wilhelm-Luxemburg-Eisenbahn, v. 11. Juli 1872 (RGB. 1873 S. 339).

7. Ueber das Verhältniß der Eisenbahnunternehmungen zur Postverwaltung vgl. § 4 des RG. v. 28. Okt. 1871 über das Postwesen des Deutschen Reichs (RGB. 1871 S. 347), und RG. v. 20. Dez. 1875, betr. die Abänderung des § 4 des Gesetzes v. 28. Okt. 1871 über das Postwesen des Deutschen Reichs (RGB. 1875 S. 318).

Dazu:

a. Bekanntmachung des Reichskanzlers v. 9. Febr. 1876, mit den Vollzugsbestimmungen zum Eisenbahnpostgesetze v. 20. Dez. 1875 (RCB. 1876 S. 87), und über die Abänderung dieser

Vollzugsbestimmungen der Bekanntmachungen des Reichskanzlers v. 9. Mai 1878 (RCB. 1878 S. 261) und v. 24. Dez. 1881 (RCB. 1882 S. 4).

b. Bekanntmachung des Reichskanzlers v. 28. Mai 1879, mit den Bestimmungen betr. die Verpflichtungen der Eisenbahnen untergeordneter Bedeutung zu Leistungen für die Zwecke des Postdienstes (RCB. 1879 S. 380).

8. RG. v. 25. Febr. 1876, betr die Beseitigung von Ansteckungsstoffen bei Viehbeförderungen auf Eisenbahnen (RGB. 1876 S. 163). Vgl. die Anm. zum Art. 4 Nr. 15 der Reichsverfassung.

9. RG. v. 3 Mai 1886, betr. die Unzulässigkeit der Pfändung von Eisenbahnfahrbetriebsmitteln (RGB. 1886 S. 131).

Artikel 41.

Eisenbahnen, welche im Interesse der Vertheidigung Deutschlands oder im Interesse des gemeinsamen Verkehrs für nothwendig erachtet werden, können kraft eines Reichsgesetzes auch gegen den Widerspruch der Bundesglieder, deren Gebiet die Eisenbahnen durchschneiden, unbeschadet der Landeshoheitsrechte, für Rechnung des Reichs angelegt oder an Privatunternehmer zur Ausführung konzessionirt und mit dem Expropriationsrechte ausgestattet werden.

Jede bestehende Eisenbahnverwaltung ist verpflichtet, sich den Anschluß neu angelegter Eisenbahnen auf Kosten der letzteren gefallen zu lassen.

Die gesetzlichen Bestimmungen, welche bestehenden Eisenbahn-Unternehmungen ein Widerspruchsrecht gegen die Anlegung von Parallel- oder Konkurrenzbahnen einräumen, werden, unbeschadet bereits erworbener Rechte, für das ganze Reich hierdurch aufgehoben. Ein solches Widerspruchsrecht kann auch in den künftig zu ertheilenden Konzessionen nicht weiter verliehen werden.

Artikel 42.

Die Bundesregierungen verpflichten sich, die Deutschen Eisenbahnen im Interesse des allgemeinen Verkehrs wie ein einheitliches Netz verwalten und zu diesem Behuf auch die neu herzustellenden Bahnen nach einheitlichen Normen anlegen und ausrüsten zu lassen.

Artikel 43.

Es sollen demgemäß in thunlichster Beschleunigung übereinstimmende Betriebseinrichtungen getroffen, insbesondere gleiche Bahnpolizei-Reglements eingeführt werden. Das Reich hat dafür Sorge zu tragen, daß die Eisenbahnverwaltungen die Bahnen jederzeit in einem die nöthige Sicherheit gewährenden baulichen Zustande erhalten und dieselben mit Betriebsmaterial so ausrüsten, wie das Verkehrsbedürfniß es erheischt.

1. Bekanntmachung des Reichskanzlers v. 4. Jan. 1875 mit dem vom Bundesrathe beschlossenen Bahnpolizeireglement für die Eisenbahnen Deutschlands (RCB. 1875 S. 57)[1]. Dazu: Berichtigungen im RCB. 1875 S 156 und 357

Abänderungen und Ergänzungen des Bahnpolizeireglements v. 4. Jan. 1875.

---

[1]) Dieses Bahnpolizeiregl. v. 4. Jan. 1875 ist, zuf. der Bekanntmachung des Reichskanzlers v. 4. Jan. 1875 an die Stelle des Bahnpolizeiregl. für die Eisenbahnen im Nordd. Bunde v. 3. Juni 1870 (BGB. 1870 S. 461) und des Nachtrags zu demselben v. 29. Dez. 1871 (RGB. 1872 S. 34) getreten.

Bekanntmachungen des Reichskanzlers v. 12. Juni 1878 (RCB. 1878 S. 355) und v. 17. Mai 1881 (RCB. 1881 S. 172).

Bekanntmachung des Reichskanzlers v. 4. Jan. 1875 mit der vom Bundesrathe beschlossenen Signalordnung für die Eisenbahnen Deutschlands (RCB. 1875 S. 73). Dazu: Bekanntmachungen des Reichskanzlers v. 12. Juni 1878 und v. 20. Juni 1880, betr. Aender. und Ergänz. der Signalordnung für die Eisenbahnen Deutschlands (RCB. 1878 S. 363 u. 1880 S. 483).

Bekanntmachung des Reichskanzlers v. 16. April 1875, wonach das Bahnpolizeireglement und die Signalordnung v. 4. Jan. 1875 auch für Elsaß-Lothringen in Kraft getreten sind (GB. f. Elf.-Lothr. 1875 S. 65).

V. v. 24. April 1876, betr. die Sicherheitsordnung für die Eisenbahnen in Elsaß-Lothringen, auf welche das Bahnpolizeiregl. und die Signalordn. für die Eisenbahnen Deutschlands v. 4. Jan. 1875 keine Anwendung finden (GB. f. Elf.-Lothr. 1876 S. 13).

2. Bekanntmachung des Reichskanzlers v. 12. Juni 1878, mit den Bestimmungen über die Befähigung von Bahnpolizeibeamten und Lokomotivführern (RCB. 1878 S. 364). Dazu: Bekanntmachung des Reichskanzlers v. 17. Mai 1881, betr. Aender. und Ergänz. dieser Bestimmungen (RCB. 1881 S. 172).

3. Bekanntmachung des Reichskanzlers v. 12. Juni 1878, mit den (vom Bundesrathe beschlossenen) Normen für die Konstruktion und Ausrüstung der Eisenbahnen Deutschlands (RCB. 1878 S. 332) und Bekanntmachung des Reichskanzlers v. 12. Juni 1878, betr. die Bahnordnung für deutsche Eisenbahnen untergeordneter Bedeutung (RCB. 1878 S. 341).

4. Bekanntmachung des Reichskanzlers v. 1. Juli 1878, betr. die Geltung der vorstehend (zu 1—3) gedachten Bestimmungen für Elsaß-Lothringen (GB. f. Elf.-Lothr. 1878 S. 47).

5. Bekanntmachung des Reichskanzlers v. 30. Nov. 1885, betr. das Bahnpolizeireglement für die Eisenbahnen Deutschlands (RGB. 1885 S. 289, RCB. 1885 S. 541)[1]).

---

[1]) Zuf. des § 74 des Bahnpolizeiregl. v. 30. Nov. 1885 ist dasselbe (mit dem 1. April 1886) an Stelle des bisher geltenden Bahn-

Artikel 44.

Die Eisenbahnverwaltungen sind verpflichtet, die für den durchgehenden Verkehr und zur Herstellung ineinander greifender Fahrpläne nöthigen Personenzüge mit entsprechender Fahrgeschwindigkeit, desgleichen die zur Bewältigung des Güterverkehrs nöthigen Güterzüge einzuführen, auch direkte Expeditionen im Personen- und Güterverkehr, unter Gestattung des Ueberganges der Transportmittel von einer Bahn auf die andere, gegen die übliche Vergütung einzurichten.

Artikel 45.

Dem Reiche steht die Kontrole über das Tarifwesen zu. Dasselbe wird namentlich dahin wirken:

1) daß baldigst auf allen Deutschen Eisenbahnen übereinstimmende Betriebsreglements eingeführt werden;

1. Bekanntmachung des Reichskanzlers v. 11 Mai 1874, betr. das Betriebsreglement für die Eisenbahnen Deutschlands (RGB. 1874 S. 84).

Vgl. das vom Bundesrath beschlossene Betriebsreglement v. 11. Mai 1874 im RCB. 1874 S. 179[1]).

---

polizeireglements in Kraft getreten und findet Anwendung auf allen Eisenbahnen Deutschlands mit Ausnahme derjenigen, für welche nach der Entschließung der zuständigen Landesbehörde mit Zustimmung des Reichseisenbahnamtes die Bahnordnung für Deutsche Eisenbahnen untergeordneter Bedeutung maßgebend ist.

[1]) a. Dieses Betriebsregl. v. 11. Mai 1874 ist, zuf. der Bekanntmachung des Reichskanzlers v. 11. Mai 1874, an die Stelle des Betriebsregl. für die Eisenbahnen im Nordd.

Dazu. Bekanntmachungen des Reichskanzlers v. 6. April 1876 (RCB. 1876 S. 223 u. GB. f. Elf.-Lothr 1876 S. 8), v. 14. Dez. 1876 (GB. f. Elf.-Lothr 1876 S. 5), v. 29. Dez. 1876 (RCB 1876 S. 7), v. 30. April 1878 (RCB. 1878 S. 238), v. 13. Juli 1879 (RCB. 1879 S. 478), v. 1. März 1881 (RCB. 1881 S. 83) und v. 5. Juli 1881 (RCB. 1881 S. 261).

Vgl. auch die Bekanntmachung des Reichseisenbahnamtes v. 14. Juli 1879 mit dem Beschluß des Bundesrathes v. 27 Juni 1879 über die Ausführung des § 50, Nr. 7 des Betriebsregl. v. 11. Mai 1874 (RCB. 1879 S. 482), betr. Abänderungen des Betriebsregl. für die Eisenbahnen Deutschlands.

Bekanntmachungen des Reichskanzlers v. 11. Mai 1874, betr. die Geltung des Betriebsregl. von 1874 für Elsaß-Lothringen (GB. f. Elf.-Lothr. 1874 S. 17), v. 15. Nov. 1877 und v. 27 Juni 1879, betr. Abänderung des Betriebsregl. für die Eisenbahnen Deutschlands (GB. f. Elf.-Lothr. 1877 S. 67 und 1879 S. 79).

2. Bekanntmachung des Reichskanzlers v. 13. Juli 1879, betr. die Bestimmungen über die Verladung und Beförderung von lebenden Thieren auf Eisenbahnen (RCB. 1879 S. 479).

2) daß die möglichste Gleichmäßigkeit und Herabsetzung der Tarife erzielt, insbesondere, daß bei größeren Entfernungen für den Transport von Kohlen, Koaks, Holz, Erzen, Steinen, Salz, Roheisen, Düngungsmitteln und ähnlichen Gegenständen ein dem Bedürfniß der Landwirthschaft

---

Bunde v. 10. Juni 1870 (BGB. 1870 S. 419) und der Nachträge zu demselben v. 22. Dez. 1871 (RGB. 1871 S. 473, GB. f Elf.-Lothr. 1872 S. 5) und v. 5. Aug. 1872 (RGB. 1872 S. 360, GB. f. Elf.-Lothr. 1872 S. 571) getreten.

b. Das Betriebsregl. v. 11. Mai 1874 ist mit allen zu demselben ergangenen Ausführungsbestimmungen und Erläuterungen abgedruckt in Guttentag's Gesetzgeb. Bd. III. S. 248—299.

und Industrie entsprechender ermäßigter Tarif, und zwar zunächst thunlichst der Einpfennig-Tarif eingeführt werde.

Bezüglich der Württembergischen Eisenbahnen ist in der Verhandlung v. 25. Nov. 1870 über den Beitritt Württembergs zu der zwischen dem Nordd. Bunde, Baden und Hessen vereinbarten Verfassung des Deutschen Bundes (BGB. 1870 S. 657) unter 2. zum Art. 45 der Verf.[1]) anerkannt, daß bei ihren Bau-, Betriebs- und Verkehrsverhältnissen nicht alle im Art. 45 aufgeführten Transportgegenstände in allen Gattungen von Verkehren zum Einpfennigsatze befördert werden können.

Artikel 46.

Bei eintretenden Nothständen, insbesondere bei ungewöhnlicher Theuerung der Lebensmittel, sind die Eisenbahnverwaltungen verpflichtet, für den Transport, namentlich von Getreide, Mehl, Hülsenfrüchten und Kartoffeln, zeitweise einen dem Bedürfniß entsprechenden, von dem Kaiser auf Vorschlag des betreffenden Bundesraths-Ausschusses festzustellenden, niedrigen Spezialtarif einzuführen, welcher jedoch nicht unter den niedrigsten auf der betreffenden Bahn für Rohprodukte geltenden Satz herabgehen darf.

Die vorstehend, sowie die in den Artikeln 42. bis 45. getroffenen Bestimmungen sind auf Bayern nicht anwendbar.

Dem Reiche steht jedoch auch Bayern gegenüber das Recht zu, im Wege der Gesetzgebung einheitliche Normen

---

[1]) Vgl. unten Anlage VI.

für die Konstruktion und Ausrüstung der für die Landesvertheidigung wichtigen Eisenbahnen aufzustellen.

Artikel 47.

Den Anforderungen der Behörden des Reichs in Betreff der Benutzung der Eisenbahnen zum Zweck der Vertheidigung Deutschlands haben sämmtliche Eisenbahnverwaltungen unweigerlich Folge zu leisten. Insbesondere ist das Militair und alles Kriegsmaterial zu gleichen ermäßigten Sätzen zu befördern.

VIII. Post- und Telegraphenwesen [1].

1. V. v. 14. Okt. 1871, betr. die Einführung des Abschn. VIII. der Reichsverfassung in Elsaß-Lothringen (RGB. 1871 S. 443, GB. f. Els.-Lothr. 1871 S. 347).

2. Ueber das Verhältniß des Post- und Telegraphenwesens in Hessen zum Bunde vgl. Protokoll v. 15. Nov. 1870, betr. die Vereinbarung zwischen dem Nordd. Bunde, Baden und Hessen über Gründung des Deutschen Bundes, unter 4 [2] (BGB. 1870 S. 650), und hinsichtlich Bayerns und Württembergs Art. 52 der Reichsverfassung und die Anm. dazu.

Artikel 48.

Das Postwesen und das Telegraphenwesen werden für das gesammte Gebiet des Deutschen Reichs als ein-

---

[1] Vgl. v. Rönne's Staatsrecht des D. Reichs, 2. Aufl., Bd. II. Abth. 1 § 99 S. 285 ff.

[2] Vgl. unten Anlage V.

heitliche Staatsverkehrs-Anstalten eingerichtet und verwaltet.

Die im Artikel 4. vorgesehene Gesetzgebung des Reichs in Post- und Telegraphen-Angelegenheiten erstreckt sich nicht auf diejenigen Gegenstände, deren Regelung nach den in der Norddeutschen Post- und Telegraphen-Verwaltung maßgebend gewesenen Grundsätzen der reglementarischen Festsetzung oder administrativen Anordnung überlassen ist.

1. Vgl. Art. 4 Nr. 10 der Reichsverfassung.

2. a. BG. v. 2. Nov. 1867 über das Postwesen des Nordd. Bundes (BGB. 1867 S. 61). Aufgehoben durch:

b. RG. v. 28. Okt 1871 über das Postwesen des Deutschen Reichs (RGB. 1871 S. 347).

In Elsaß-Lothringen eingeführt durch G. v. 4. Nov. 1871 (GB. f. Els.-Lothr 1871 S. 348).

Dazu: RG. v. 20. Dez. 1875, betr. die Abänderung des § 4 des Gesetzes v. 28. Okt. 1871 über das Postwesen des Deutschen Reiches (RGB. 1875 S. 318). Vgl. Anm. 7 zum Abschn. VII. der Reichsverfassung.

3. a. BG. v. 4. Nov. 1867 über das Posttaxwesen im Gebiete des Nordd. Bundes (BGB. 1867 S. 75). Aufgehoben durch:

b. RG. v. 28. Okt. 1871 über das Posttaxwesen im Gebiete des Deutschen Reichs (RGB. 1871 S. 358).

In Elsaß-Lothringen eingeführt durch G. v. 4. Nov. 1871 (GB. f. Els.-Lothr. 1871 S. 348).

c. RG. v. 17. Mai 1873, betr. einige Abänderungen des Gesetzes über das Posttaxwesen im Gebiete des Deutschen Reichs v. 28. Okt. 1871 (RGB. 1873 S. 107).

In Elsaß-Lothringen eingeführt durch RG. v. 8. Febr. 1875 Ziffer 5 (RGB. 1875 S. 69, GB. f. Els.-Lothr. 1875 S. 9).

d. RG. v. 3. Nov. 1874, betr. Abänderung des Gesetzes über das Posttaxwesen (RGB. 1874 S. 127 u. 134).

4. BG. v. 5. Juni 1869, betr die Portofreiheiten im Gebiete des Nordd. Bundes (BGB. 1869 S. 141). Auch gültig für Baden, zuf. Art. 80 unter II. Ziffer 4 der zwischen dem Nordd. Bunde und Baden und Hessen vereinbarten Verfassung des Deutschen Bundes v. 15. Nov. 1870[1]) (BGB. 1870 S. 647), für Bayern und Württemberg, zuf. des RG. v. 29. Mai 1872 (RGB. 1872 S. 167) und für Südhessen, zuf. RG. v. 20. Dez. 1875 (RGB. 1875 S. 323). In Elsaß-Lothringen eingeführt durch G. v. 1. März 1872 (GB. f. Elf.-Lothr. 1872 S. 150).

5. Bekanntmachung des Bundeskanzlers v. 29. Aug. 1870, betr. die portopflichtige Korrespondenz zwischen Behörden verschiedener Bundesstaaten (BGB. 1870 S. 514).

Ausgedehnt auf sämmtliche Staaten des Deutschen Reichs, zuf. Bekanntmach. des Reichskanzlers v. 17. April 1872 (RGB. 1872 S. 108, GB. f. Elf.-Lothr 1872 S. 168) und v. 8. Juli 1873 (RGB. 1873 S. 232), desgl. auf die portopflichtige Korrespondenz zwischen den Behörden des Reichs und Oesterreich-Ungarns, zuf. Bekanntmach. des Reichskanzlers v. 31. Okt. 1873 (RGB. 1873 S. 366, GB. f. Elf.-Lothr. 1873 S. 290).

6. BG. v. 16. Mai 1869, betr. die Einführung von Telegraphenfreimarken (BGB. 1869 S. 377). Auch gültig für Baden und Südhessen, zuf. Art. 80 unter II. der mit Baden und Hessen vereinbarten Verf. (BGB. 1870 S. 647), und für Elsaß-Lothringen, zuf. RG. v. 8. Febr. 1875 Ziffer 1 (RGB. 1875 S. 69, GB. f. Elf.-Lothr. 1875 S. 9), dagegen nicht eingeführt in Bayern und Württemberg.

Vgl. Bekanntmachung des Reichskanzlers v. 10. Juli 1869, betr. die Einführung von Telegraphenfreimarken (Preuß. Min.-Bl. für die inn. Verwalt. 1869 S. 220) und Bekanntmachung der Kaiserl. Generaldirektion der Telegraphen v. 10. Okt. 1872 (a. a. O. S. 260) und v. 12. Dez. 1874 (RCB. 1874 S. 443).

7. B. v. 2. Juni 1877, betr. die gebührenfreie Beförderung von Telegrammen (RGB. 1877 S. 524).

---

[1]) Vgl. unten Anlage I.

Artikel 49.

Die Art 49—52 sind für Baden erst mit dem 1. Jan. 1872 in Wirksamkeit getreten (Prot. v. 15. Nov. 1870 im Eingange, BGB. 1870 S. 650).

Die Einnahmen des Post- und Telegraphenwesens sind für das ganze Reich gemeinschaftlich. Die Ausgaben werden aus den gemeinschaftlichen Einnahmen bestritten. Die Ueberschüsse fließen in die Reichskasse. (Abschnitt XII.)

Artikel 50.

Dem Kaiser gehört die obere Leitung der Post- und Telegraphenverwaltung an. Die von ihm bestellten Behörden haben die Pflicht und das Recht, dafür zu sorgen, daß Einheit in der Organisation der Verwaltung und im Betriebe des Dienstes, sowie in der Qualifikation der Beamten hergestellt und erhalten wird.

Dem Kaiser steht der Erlaß der reglementarischen Festsetzungen und allgemeinen administrativen Anordnungen, sowie die ausschließliche Wahrnehmung der Beziehungen zu anderen Post- und Telegraphenverwaltungen zu.

Ueber die Zuziehung von Vertretern einzelner Bundesstaaten bei dem Abschlusse von Post- und Telegraphenverträgen mit außerdeutschen Staaten, sowie über den selbstständigen Abschluß solcher nur den Grenzverkehr betr. Verträge vgl. Schlußprotokoll zu dem Vertrage v. 23. Nov. 1870, betr. den Beitritt Bayerns zur Verfassung des Deutschen Bundes (BGB. 1871 S. 23) unter XI.[1]).

---

[1]) Vgl. unten Anlage VII.

Sämmtliche Beamte der Post- und Telegraphen-verwaltung sind verpflichtet, den Kaiserlichen Anordnungen Folge zu leisten. Die Verpflichtung ist in den Diensteid aufzunehmen.

Vgl. Art. 18 Abs. 1 der Reichsverfassung.

Die Anstellung der bei den Verwaltungsbehörden der Post und Telegraphie in den verschiedenen Bezirken erforderlichen oberen Beamten (z. B. der Direktoren, Räthe, Ober-Inspektoren), ferner die Anstellung der zur Wahrnehmung des Aufsichts- u. s. w. Dienstes in den einzelnen Bezirken als Organe der erwähnten Behörden fungirenden Post- und Telegraphenbeamten (z. B. Inspektoren, Kontroleure) geht für das ganze Gebiet des Deutschen Reichs vom Kaiser aus, welchem diese Beamten den Diensteid leisten. Den einzelnen Landesregierungen wird von den in Rede stehenden Ernennungen, soweit dieselben ihre Gebiete betreffen, Behufs der landesherrlichen Bestätigung und Publikation rechtzeitig Mittheilung gemacht werden.

Die anderen bei den Verwaltungsbehörden der Post und Telegraphie erforderlichen Beamten, sowie alle für den lokalen und technischen Betrieb bestimmten, mithin bei den eigentlichen Betriebsstellen fungirenden Beamten u. s. w. werden von den betreffenden Landesregierungen angestellt.

Wo eine selbstständige Landespost- resp. Telegraphenverwaltung nicht besteht, entscheiden die Bestimmungen der besonderen Verträge.

1. Zuf. § 50 des RG. v. 28. Okt. 1871 über das Postwesen des Deutschen Reichs (RGB. 1871 S. 359) gebührt das Recht der Erlassung eines Postreglements dem Reichskanzler unter theilweiser Mitwirkung des Bundesraths. Auf Grund dieser Bestimmung ist die (jetzt geltende) Postordnung v. 8. März 1879 (RCB. 1879 S. 185) erlassen. Vgl. dazu: Abänderungen v. 24. Aug. 1879 (RCB. 1879 S. 538), v. 12. März 1883 (RCB. 1883 S. 71), v. 16. Januar 1886 (RCB. 1886 S. 15), und v. 21. März 1886 (RCB. 1886 S 72)[1].

2. Telegraphenordnung für das Deutsche Reich v. 13. Aug. 1880 (RCB. 1880 S. 560)[2]. Abänderung v. 11. Juni 1886 (RCB. 1886 S. 204).

3. Reglement v. 7. März 1876 über die Benutzung der innerhalb des Deutschen Reichstelegraphengebietes gelegenen Eisenbahn-Telegraphen zur Beförderung solcher Telegramme, welche nicht den Eisenbahndienst betreffen (RCB. 1876 S 156).

4. Ueber die Organisation der Behörden und die Rechtsverhältnisse der Beamten des Post- und Telegraphenwesens vgl. Art 18 der Reichsverfassung und die Anm. dazu.

Artikel 51.

Bei Ueberweisung des Ueberschusses der Postverwaltung für allgemeine Reichszwecke (Art. 49.) soll, in Betracht der bisherigen Verschiedenheit der von den Landes-Postverwaltungen der einzelnen Gebiete erzielten Reineinnahmen, zum Zwecke einer entsprechenden Ausgleichung während der unten festgesetzten Uebergangszeit folgendes Verfahren beobachtet werden.

---

[1]) Dadurch ist die Telegraphenordnung für das D. Reich v. 21. Juni 1872 (RGB. 1872 S. 213) nebst den zu derselben ergangenen abändernden Vorschriften (RCB. 1873 S. 150, 1876 S. 101, 1877 S. 432) ersetzt worden

[2]) Die Post-O. v. 8. März 1879 ist mit den Abänderungen derselben und den Erläuterungen abgedruckt in Guttentag's Gesetzgeb. Bd. II S. 498—549.

Aus den Postüberschüssen, welche in den einzelnen Postbezirken während der fünf Jahre 1861. bis 1865. aufgekommen sind, wird ein durchschnittlicher Jahresüberschuß berechnet, und der Antheil, welchen jeder einzelne Postbezirk an dem für das gesammte Gebiet des Reichs sich darnach herausstellenden Postüberschusse gehabt hat, nach Prozenten festgestellt.

Nach Maßgabe des auf diese Weise festgestellten Verhältnisses werden den einzelnen Staaten während der auf ihren Eintritt in die Reichs-Postverwaltung folgenden acht Jahre die sich für sie aus den im Reiche aufkommenden Postüberschüssen ergebenden Quoten auf ihre sonstigen Beiträge zu Reichszwecken zu Gute gerechnet.

Nach Ablauf der acht Jahre hört jene Unterscheidung auf, und fließen die Postüberschüsse in ungetheilter Aufrechnung nach dem im Artikel 49. enthaltenen Grundsatz der Reichskasse zu.

Von der während der vorgedachten acht Jahre für die Hansestädte sich herausstellenden Quote des Postüberschusses wird alljährlich vorweg die Hälfte dem Kaiser zur Disposition gestellt zu dem Zwecke, daraus zunächst die Kosten für die Herstellung normaler Posteinrichtungen in den Hansestädten zu bestreiten.

1. Bezüglich Badens vgl. Prot. v. 15. Nov. 1870, betr. die Vereinbarung zwischen dem Nordd. Bunde, Baden und Hessen über Gründung des D. Bundes (BGB. 1870 S. 650) unter 5 zu Art. 52 (jetzt Art. 51) der Reichsverf.[1]).

---

[1]) Vgl. unten Anlage V.

2. BG. v. 5. Juni 1869, betr. die Portofreiheiten im Gebiete des Nordd. Bundes, § 13 (BGB. 1869 S. 143): „Die Vorschriften des Artikels 52. (jetzt 51) der Bundesverfassung sind nicht auszudehnen auf denjenigen Theil der Postüberschüsse, welcher durch die in gegenwärtigem Gesetze angeordnete Aufhebung von Portofreiheiten gewonnen wird. Die näheren Bestimmungen über die Berechnung und Verwendung dieses bis Ende Dezember 1875. auszunehmenden Theils bleiben der Verständigung im Bundesrathe unter Zustimmung des Reichstages vorbehalten."

Vgl Anm. 4 zum Art. 48 der Reichsverfassung.

Artikel 52.

Die Bestimmungen in den vorstehenden Artikeln 48. bis 51. finden auf Bayern und Württemberg keine Anwendung. An ihrer Stelle gelten für beide Bundesstaaten folgende Bestimmungen.

In Betreff Württembergs vgl. auch die Verhandlung dd. Berlin d. 25. Nov. 1870 über den Beitritt Württembergs zu der zwischen dem Nordd. Bunde, Baden und Hessen vereinbarten Verf. des D. Bundes (BGB. 1870 S. 657) unter 3[1]) und in Betreff Bayerns und Württembergs die Bestimmungen des RG. v. 28. Okt 1871 über das Postwesen des D. Reichs §§ 4 und 50 (RGB. 1871 S. 347), desgl. Art. 12 und 13 des G. v. 20 Dez. 1875, betr. die Abänderung des § 4 des G. v. 28. Okt. 1871 über das Postwesen (RGB. 1875 S. 318), und des § 13 des RG. v. 28. Okt. 1871 über das Posttaxwesen im Gebiete des D. Reichs (RGB. 1871 S. 362).

Dem Reiche ausschließlich steht die Gesetzgebung über die Vorrechte der Post und Telegraphie, über die rechtlichen Verhältnisse beider Anstalten zum Publikum über die Portofreiheiten und das Posttaxwesen, jedoch

---

[1]) Vgl. unten Anlage VI.

ausschließlich der reglementarischen und Tarif Bestimmungen für den internen Verkehr innerhalb Bayerns, beziehungsweise Württembergs, sowie, unter gleicher Beschränkung, die Feststellung der Gebühren für die telegraphische Korrespondenz zu.

Ebenso steht dem Reiche die Regelung des Post- und Telegraphenverkehrs mit dem Auslande zu, ausgenommen den eigenen unmittelbaren Verkehr Bayerns, beziehungsweise Württembergs mit seinen dem Reiche nicht angehörenden Nachbarstaaten, wegen dessen Regelung es bei der Bestimmung im Artikel 49. des Postvertrages vom 23. November 1867. bewendet.

Postvertrag v. 23. Nov. 1867 zwischen dem Nordd. Bunde, Bayern, Württemberg und Baden (BGB. 1868 S. 41 ff.) Art. 49 [1]).

Artikel 49.

Die Behandlung der Sendungen im Verkehr mit auswärtigen Postgebieten richtet sich nach den Postverträgen mit den betreffenden fremden Regierungen, beziehungsweise nach den Uebereinkünften mit auswärtigen Transport-Unternehmungen.

Bei dem Abschlusse von Postverträgen mit fremden Regierungen wird, wenn zwei oder mehrere der Theilnehmer des gegenwärtigen Vertrages mit einem und demselben ausländischen Staate in unmittelbarem Postverkehr stehen oder in solchen eintreten wollen, diejenige Postverwaltung, welche den Abschluß eines neuen Vertrages beabsichtigt, den anderen beim direkten Postverkehr mit dem betreffenden Lande betheiligten Postverwaltungen von ihrer Absicht Kenntniß geben zum Zwecke der Herbeiführung einer Verständigung über das in dem Verhältnisse zu dem fremden Lande einzuhaltende

---

[1]) Vgl. v. Rönne's Staatsrecht des D. Reiches, 2. Aufl., Bd. II. Abth. 1 § 99 S. 292 ff.

übereinstimmende Verfahren und der Geltendmachung der bezüglich des Deutschen Postwesens bestehenden gemeinsamen Interessen.

Insoweit als eine solche Verständigung stattgefunden hat, werden die dabei betheiligten Postverwaltungen sich bemühen, den Abschluß der neuen Verträge in Gemeinschaft zu bewirken, wobei eine Bevollmächtigung eines der kontrahirenden Theile durch den anderen nicht ausgeschlossen ist.

In allen Fällen wird durch die Verträge dahin Vorsorge getroffen werden, daß die Erleichterungen, welche dem Postverkehr des betreffenden Auslandes mit dem Gebiet der vertragschließenden Deutschen Verwaltung zu Theil werden, in gleicher Weise und unter denselben Bedingungen auch auf den durch diese Verwaltung stückweise vermittelten Korrespondenzverkehr anderer Deutscher Postgebiete mit dem betreffenden Auslande zur Anwendung gelangen.

Die Annahme der in den Verträgen mit dem Auslande vereinbarten Bestimmungen soll für alle Theilnehmer des gegenwärtigen Vertrages obligatorisch sein, sobald bei den Festsetzungen über den Portobezug nicht unter das interne Deutsche Porto herunter gegangen ist. Hat in besonderen Fällen ein niedrigeres Porto vereinbart werden müssen, so bleibt die Theilnahme an den Bestimmungen des bezüglichen Vertrages dem Ermessen der einzelnen Postverwaltungen anheimgestellt.

An den zur Reichskasse fließenden Einnahmen des Post- und Telegraphenwesens haben Bayern und Württemberg keinen Theil.

IX. Marine und Schiffahrt.

RG. v. 16. März 1886, betr. die Herstellung des Nord-Ostseekanals (RGB. 1886 S. 58).

V. v. 17 Juli 1886, betr. die Errichtung einer besonderen Kommission für die Herstellung des Nord-Ostseekanals (RGB. 1886 S. 233).

Artikel 53 [1]).

Die Kriegsmarine des Reichs ist eine einheitliche unter dem Oberbefehl des Kaisers. Die Organisation und Zusammensetzung derselben liegt dem Kaiser ob, welcher die Offiziere und Beamten der Marine ernennt, und für welchen dieselben nebst den Mannschaften eidlich in Pflicht zu nehmen sind.

Der Kieler Hafen und der Jadehafen sind Reichskriegshäfen.

RG. v. 19. Juni 1883, betr. die Reichskriegshäfen und die Feststellung eines Nachtrages zum Reichshaushaltsetat für das Etatsjahr 1883/84 (RGB. 1883 S. 105).

Der zur Gründung und Erhaltung der Kriegsflotte und der damit zusammenhängenden Anstalten erforderliche Aufwand wird aus der Reichskasse bestritten.

Die gesammte seemännische Bevölkerung des Reichs, einschließlich des Maschinenpersonals und der Schiffshandwerker, ist vom Dienste im Landheere befreit, dagegen zum Dienste in der Kaiserlichen Marine verpflichtet.

Die Vertheilung des Ersatzbedarfes findet nach Maßgabe der vorhandenen seemännischen Bevölkerung statt, und die hiernach von jedem Staate gestellte Quote kommt auf die Gestellung zum Landheere in Abrechnung.

---

[1]) Vgl. v. Rönne's Staatsrecht des D. Reiches, 2. Aufl., Bd. II. Abth. 1 § 112 S. 160 ff. und Zorn's Staatsrecht des D. Reichs, Bd. I. § 13 S. 214 und § 19 S. 340.

1. Vgl. Art. 4 Nr. 14 der Reichsverfassung.

2. Vgl. Art. 57 und 59 der Reichsverfassung und die Anm. dazu.

3. Organisation der Verwaltungs- und Kommando-Behörden der Kaiserlichen Marine.

Allerh. Erl. v. 15. Juni 1871, betr. die Geschäftsführung der oberen Marinebehörde, nebst Regulativ (RGB. 1871 S. 272).

Allerh. Erl. v. 1. Jan. 1872, betr. die oberste Marinebehörde (RGB. 1872 S. 5).

[Kaiserl. Admiralität, unter der Verantwortlichkeit des Reichskanzlers bezüglich der Verwaltung und Führung des Oberbefehls nach den Anordnungen des Kaisers.]

Allerh. Erl. v. 18. Juni 1872, betr. die Veränderung der Organisation der Marine-Intendantur (RGB. 1872 S. 361).

4. Allerh. Erl. v. 23. Mai 1876, betr. das oberste Militärgericht für Marinesachen (RGB. 1876 S. 165).

5. BG. v. 9. Nov. 1867, betr. den außerordentlichen Geldbedarf des Nordd. Bundes zum Zwecke der Erweiterung der Bundeskriegsmarine und der Herstellung der Küstenvertheidigung (BGB. 1867 S. 157), und die BG. v. 20. Mai 1869 (BGB. 1869 S. 137) und v. 6. April 1870 (BGB. 1870 S 65) wegen Abänderung dieses Gesetzes, ferner: RG. v. 27 Jan. 1875 (RGB. 1875 S. 18), v. 29. April 1878 (RGB. 1878 S. 87), v. 30. März 1879 (RGB. 1879 S. 121), v. 26. März 1880 (RGB. 1880 S. 95) und v. 28. März 1881 (RGB. 1881 S. 68), betr. Aufnahmen von Anleihen für Zwecke der Verwaltung der Marine.

Vgl. Art. VI. des RG. v. 8. Juli 1872, betr. die Französische Kriegskostenentschädigung (RGB. 1872 S. 289), und § 1 des RG. v. 8. Juli 1873, betr. den nach dem G. v. 8. Juli 1872 einstweilen reservirten Theil der Französischen Kriegskostenentschädigung (RGB 1873 S. 217).

Artikel 54 [1]).

Die Kauffahrteischiffe aller Bundesstaaten bilden eine einheitliche Handelsmarine.

---

[1]) Vgl. v. Rönne's Staatsrecht des D. Reiches, 2. Aufl., Bd. II. Abth. 1 § 93 S. 206 ff.

Das Reich hat das Verfahren zur Ermittelung der Ladungsfähigkeit der Seeschiffe zu bestimmen, die Ausstellung der Meßbriefe, sowie die Schiffscertifikate zu regeln und die Bedingungen festzustellen, von welchen die Erlaubniß zur Führung eines Seeschiffes abhängig ist.

1. Vgl. Art. 4 Nr. 7 und Nr. 9 der Reichsverfassung.

2. a. BG. v. 25. Okt. 1867, betr die Nationalität der Kauffahrteischiffe und ihre Befugniß zur Führung der Bundesflagge (BGB. 1867 S. 35). Auch gültig für Baden und Südhessen, zuf. Art. 80 unter I. 2 der mit Baden und Hessen vereinbarten Verf. (BGB. 1870 S. 51), für Württemberg, zuf. Art. 2 Nr. 6 des Vertr. v. 25. Nov. 1870 (BGB. 1870 S. 657), und für Bayern, zuf. § 2 unter I. 2 des RG. v. 22. April 1871 (BGB. 1871 S. 87).

b. RG. v. 28. Juni 1873, betr. die Registrirung und die Bezeichnung der Kauffahrteischiffe (RGB. 1873 S. 184).

c. Behufs Ausführung der zu a und b gedachten Gesetze hat der Bundesrath die vom Reichskanzler publizirten Vorschriften über die Registrirung und die Bezeichnung der Kauffahrteischiffe v. 13. Nov. 1873 erlassen (RGB. 1873 S. 367).

d. Bekanntmachung des Reichskanzlers, mit der (auf Grund des Art. 54 der Reichsverfassung vom Bundesrathe erlassenen) Schiffsvermessungs-Ordn. v. 5. Juli 1872 (RGB. 1872 S. 270).

3. Ueber die Feststellung der Bedingungen, von welchen die Erlaubniß zur Führung eines Seeschiffes abhängig ist: Gewerbe-O. v. 21. Juni 1869 bezw. 1. Juli 1883 § 31 (BGB. 1869 S. 245, RGB. 1883 S. 159) und Bekanntmachung des Bundeskanzlers v. 25. Sept. 1869 mit den Vorschriften über den Nachweis der Befähigung als Seeschiffer und Seesteuermann auf Deutschen Kauffahrteischiffen (BGB. 1869 S. 660 ff.), sowie Bekanntmachung des Reichskanzlers v. 30. Mai 1870 mit den „Anordnungen über das Prüfungsverfahren und über die Zusammensetzung der Prüfungskommission" für See-

schiffer und Seesteuerleute auf Deutschen Kauffahrteischiffen (BGB. 1870 S. 314 ff.). Ueber die Zulassung ehemaliger Offiziere rc. der Kaiserlichen Marine als Seeschiffer und Seesteuerleute auf Deutschen Kauffahrteischiffen vgl. die Bekanntmachung des Reichskanzlers v. 21. Dez. 1874, mit den Anordnungen des Bundesrathes über die Zulassung ehemaliger Offiziere rc. der Kaiserl. Marine als Seeschiffer und Seesteuerleute auf Deutschen Kauffahrteischiffen (RCB. 1875 S. 51).

Vgl. Anm. 3 ζ zum Art. 4 Nr. 1 der Reichsverfassung.

4. a. V. v. 7. Jan. 1880 zur Verhütung des Zusammenstoßens der Schiffe auf See (RGB. 1880 S. 1), durch welche die frühere V. v. 23. Dez. 1871 (RGB. 1871 S. 475) aufgehoben ist. Dazu: V. v. 16. Febr. 1881, betr die Suspension des Art. 10 der V. v. 7 Jan. 1880 (RGB. 1881 S. 28).

b. V. v. 15. Aug. 1876 über das Verhalten der Schiffer nach einem Zusammenstoß von Schiffen auf See (RGB. 1876 S. 189).

c. Noth- und Lootsen-Signalordnung für Schiffe auf See und auf den Küstengewässern v. 14. Aug. 1876 (RGB. 1876 S. 187).

5. Seemanns-Ordnung v. 27 Dez. 1872 (RGB. 1872 S. 409).

6. RG. v. 27. Dez. 1872, betr. die Verpflichtung Deutscher Kauffahrteischiffe zur Mitnahme hülfsbedürftiger Se leute (RGB. 1872 S. 432).

7. Strandungs-Ordnung v. 17 Mai 1874 (RGB. 1874 S. 73). Dazu: Bekanntmachung des Reichskanzlers v. 24. Nov. 1875 mit der Instruktion des Bundesrathes zur Strandungs-Ordn. (RCB. 1875 S. 750).

8. RG. v. 9. Jan. 1875, betr. die Deutsche Seewarte (RGB. 1875 S. 11).

Dazu: V. v. 26. Dez. 1875, betr. den Geschäftsbetrieb, die Einrichtung und die Verwaltung der Deutschen Seewarte (RGB. 1875 S. 385).

9. RG. v. 27. Juli 1877, betr. die Untersuchung von Seeunfällen (RGB. 1877 S. 549).

Dazu.

α) RG. v. 11. Juni 1878 über die Anwendung der Bestimmungen dieses Gesetzes auf Maschinisten der Seedampfschiffe (RGB. 1878 S. 109).

β) Bekanntmachung des Reichskanzlers v. 23. Nov. 1877, betr. die Mitwirkung von Konsulaten bei der Ausführung des Gesetzes v. 27 Juli 1877 (RCB. 1877 S. 634).

In den Seehäfen und auf allen natürlichen und künstlichen Wasserstraßen der einzelnen Bundesstaaten werden die Kauffahrteischiffe sämmtlicher Bundesstaaten gleichmäßig zugelassen und behandelt. Die Abgaben, welche in den Seehäfen von den Seeschiffen oder deren Ladungen für die Benutzung der Schifffahrtsanstalten erhoben werden, dürfen die zur Unterhaltung und gewöhnlichen Herstellung dieser Anstalten erforderlichen Kosten nicht übersteigen.

RG. v. 22. Mai 1881, betr. die Küstenfrachtfahrt (RGB. 1881 S. 97).

Dazu:

a. V. v. 29. Dez. 1881, betr. die Berechtigung fremder Flaggen zur Ausübung der Deutschen Küstenfrachtfahrt (RGB. 1881 S. 275).

b. Bekanntmachung des Reichskanzlers v. 29. Dez. 1881, betr. die durch das Gesetz v 22. Mai 1881 über die Küstenfrachtfahrt nicht berührten vertragsmäßigen Bestimmungen (RGB. 1881 S. 276).

c. V. v. 1. Juni 1886, betr. die Berechtigung der Niederländischen Flagge zur Ausübung der Deutschen Küstenfrachtfahrt (RGB. 1886 S. 179).

Auf allen natürlichen Wasserstraßen dürfen Abgaben nur für die Benutzung besonderer Anstalten, die zur Erleichterung des Verkehrs bestimmt sind, erhoben werden. Diese Abgaben, sowie die Abgaben für die Befahrung solcher künstlichen Wasserstraßen, welche Staatseigenthum sind, dürfen die zur Unterhaltung und gewöhnlichen Herstellung der Anstalten und Anlagen erforderlichen Kosten nicht übersteigen. Auf die Flößerei finden diese Bestimmungen insoweit Anwendung, als dieselbe auf schiffbaren Wasserstraßen betrieben wird.

1. Vgl. Art. 4 Nr. 8 u. 9 der Reichsverfassung.

2. BG. v. 11. Juni 1870 wegen Aufhebung der Elbzölle (BGB. 1870 S. 416).

Vgl. Vertrag zwischen dem Nordd. Bunde und Oesterreich v. 22. Juni 1870, betr. die Aufhebung des Elbzolls (BGB. 1870 S. 417).

3. BG. v. 1. Juni 1870 über die Abgaben von der Flößerei (BGB. 1870 S. 312), nebst den V. v. 1. Juni 1870 (a. a. O. S. 314), v. 19. Febr. 1871 (BGB. 1871 S. 31) und v. 13. Febr 1874 (RGB. 1874 S. 14) zur Ausführung dieses Gesetzes. Auch gültig für Baden und Südhessen, zuf. Art. 80 unter I. 23 der mit Baden und Hessen vereinbarten Verf. (BGB. 1870 S. 647), für Württemberg, zuf. Art. 2 Nr. 6 des Vertr. v. 25. Nov. 1870 (BGB. 1870 S. 656) und für Bayern (mit Zusätzen), zuf. § 8 des RG. v. 22. April 1871 (BGB. 1871 S. 89).

4. Vgl. G. v. 29. Jan. 1873, betr. die Aufhebung der Binnenschifffahrtsabgaben in Elsaß-Lothringen (GB. f. Elf.-Lothr 1873 S. 59).

5. RG. v. 5. April 1886, betr. die Erhebung einer Schiffahrtsabgabe auf der Unterweser (RGB. 1886 S. 67).

Auf fremde Schiffe oder deren Ladungen andere oder höhere Abgaben zu legen, als von den Schiffen der Bundesstaaten oder deren Ladungen zu entrichten sind, steht keinem Einzelstaate, sondern nur dem Reiche zu.

Artikel 55.

Die Flagge der Kriegs- und Handelsmarine ist schwarz-weiß-roth.

V. v. 25 Okt. 1867, betr. die Bundesflagge für Kauffahrteischiffe (BGB. 1867 S. 39), und Allerh. O. v. 4. Juli 1867 über die Flagge der Kriegsmarine (Hirth's Annal. des Nordd. Bundes, Bd. I S. 1042);

Allerh. genehmigtes Flaggen- und Salut-Regl. v. 24. Dez. 1867 (Berlin, bei F. Sittenfeld, 1868);

Allerh. Erl. v. 2. März 1886, betr. die Führung der Kriegsflagge auf den Privatfahrzeugen der Deutschen Fürsten (RGB. 1886 S. 59).

X. Konsulatwesen [1]).

Artikel 56.

Das gesammte Konsulatwesen des Deutschen Reichs steht unter der Aufsicht des Kaisers, welcher die Konsuln nach Vernehmung des Ausschusses des Bundesrathes für Handel und Verkehr, anstellt.

In dem Amtsbezirk der Deutschen Konsuln dürfen neue Landeskonsulate nicht errichtet werden. Die Deutschen Konsuln üben für die in ihrem Bezirk nicht vertretenen Bundesstaaten die Funktionen eines Landeskonsuls aus. Die sämmtlichen bestehenden Landeskonsulate werden aufgehoben, sobald die Organisation der Deutschen Konsulate dergestalt vollendet ist, daß die Vertretung der Einzelinteressen aller Bundesstaaten

---

[1]) Vgl. v. Rönne's Staatsrecht des D. Reiches, 2. Aufl., Bd. II Abth. 1 § 94 S. 224 ff.

als durch die Deutschen Konsulate gesichert von dem Bundesrathe anerkannt wird.

1. Vgl. Art. 4 Nr. 7 der Reichsverfassung.

2. Ueber das Recht der einzelnen Bundesstaaten, auswärtige Konsuln bei sich zu empfangen und für ihr Gebiet mit dem Exequatur zu versehen, vgl. Schlußprotokoll zu dem Vertrage v. 23. Nov. 1870, betr. den Beitritt Bayerns zur Verf. des D. Bundes (BGB. 1871 S. 25) unter XII.[1]).

3. GB. v 8. Nov. 1867, betr. die Organisation der Bundeskonsulate sowie die Amtsrechte und Pflichten der Bundeskonsuln (BGB. 1867 S. 137—156). Auch gültig für Baden und Südhessen, zuf. Art. 80 unter I. 4 der mit Baden und Hessen vereinbarten Verf. (BGB. 1870 S. 647), für Württemberg, zuf. Art. 2 Nr. 6 des Vertr. v. 25. Nov. 1870 (BGB. 1870 S. 656) und für Bayern (mit einem Zusatz[2]), zuf. § 3 des RG. v. 22. April 1871 (BGB. 1871 S. 88).

Vgl. BG. v. 4. Mai 1870, betr. die Eheschließung und die Beurkundung des Personenstandes von Bundesangehörigen im Auslande (BGB. 1870 S. 599). Vgl. dazu unten Anlage IX. unter I. 7.

4. RG. v. 25. März 1880, betr. die Schiffsmeldungen bei den Konsulaten des Deutschen Reichs (RGB. 1880 S. 181).

Dazu: V. v. 28. Juli 1880, betr. die Schiffsmeldungen bei den Konsulaten des Deutschen Reichs (RGB. 1880 S. 183), und V. des Reichskanzlers v. 15. Nov. 1880, betr. die Ausführung des G. v. 25. März 1880 und der V. v. 28. Juli 1880 (RCB. 1880 S. 804).

5. a. RG. v. 10. Juli 1879, über die Konsulargerichtsbarkeit (RGB. 1879 S. 197). Dazu. Instr. des Reichskanzlers v. 10. Sept. 1879 zur Ausführung des G. v. 10. Juli 1879 (RCB. 1879 S. 575).

---

[1]) Vgl. unten Anlage VII.

[2]) Dieser Zusatz ist durch den § 48 des RG. v. 10. Juli 1879 (RGB. 1879 S. 205) aufgehoben.

b. RG. v. 30. März 1874, betr. die Einschränkung der Gerichtsbarkeit der Deutschen Konsuln in Egypten (RGB. 1874 S. 23).

Dazu:

α) V. v. 23. Dez. 1875, betr. die Einschränkung der Gerichtsbarkeit der Deutschen Konsuln in Egypten (RGB. 1875 S. 381).

β) RG. v. 5. Juni 1880, betr. die Konsulargerichtsbarkeit in Egypten (RGB. 1880 S. 145).

γ) V. v. 23. Dez. 1880, betr. die Konsulargerichtsbarkeit in Egypten (RGB. 1880 S. 192).

c. RG. v. 7 Juni 1880, betr. die Konsulargerichtsbarkeit in Bosnien und der Herzegowina (RGB. 1880 S. 146). Dazu: V. v. 23. Dez. 1880, betr. die Konsulargerichtsbarkeit in Bosnien und der Herzegowina (RGB. 1880 S. 191).

d. RG. v. 27 Juli 1883, betr. die Konsulargerichtsbarkeit in Tunis (RGB. 1883 S. 263). Dazu V. v. 21. Jan. 1884, betr die Konsulargerichtsbarkeit in der Regentschaft Tunis (RGB. 1884 S 9).

6. a. RG. v. 1. Juli 1872, betr. die Gebühren und Kosten bei den Konsulaten des Deutschen Reichs (RGB. 1872 S. 245).

b. V. v. 23. April 1879, betr. die Tagegelder, die Fuhrkosten und die Umzugskosten der gesandtschaftlichen und Konsularbeamten (RGB. 1879 S. 127).

7. a. Allgem. Dienstinstruktion für die Konsuln des Deutschen Reiches v. 6. Juni 1871. (In Hirth's Annal. des D. Reichs Bd. 4 [1871] S. 607.) Nachtrag dazu v. 22. Febr. 1873 (in Hänel und Lesse, Gesetzgeb. des D. Reichs über Konsularwesen S. 44—89).

b. V. v. 23. April 1879, betr. den Urlaub der gesandtschaftlichen und Konsularbeamten und deren Stellvertretung (RGB. 1879 S. 134).

XI. Reichskriegswesen[1]).

1. Vgl. Art. 4 Nr. 14 der Reichsverfassung.

2. G. v. 23. Jan. 1872, betr. die Einführung von Bestimmungen über das Reichskriegswesen in Elsaß-Lothringen (RGB. 1872 S. 31, GB. f. Elf.-Lothr. 1872 S. 83).

[Zuf. § 1 dieses Gesetzes sind die Art. 57, 58, 59, 61, 63 64 und 65 der Reichsverfassung in Elsaß-Lothringen in Kraft gesetzt worden.]

Artikel 57.

Jeder Deutsche ist wehrpflichtig und kann sich in Ausübung dieser Pflicht nicht vertreten lassen.

1. GB. v. 9. Nov. 1867, betr. die Verpflichtung zum Kriegsdienste (BGB. 1867 S. 131). Auch gültig für Baden und Hessen, zuf. Art. 80 unter I. 5 der mit diesen Staaten vereinbarten Verf. (BGB. 1870 S. 647), für Württemberg, zuf. Art. 2 Nr. 6 des Vertr. v. 25. Nov. 1870 (BGB. 1870 S. 556), für Bayern (mit Vorbehalten), zuf. RG. v. 24. Nov. 1871 (RGB. 1871 S. 398), und für Elsaß-Lothringen, zuf. § 2 des G. v. 23. Jan. 1872 (RGB. 1872 S. 31, GB. f. Elf.-Lothr. 1872 S. 83).

2. Vgl. Art. 53 Abf. 4 u. 5 der Reichsverfassung.

Artikel 58.

Die Kosten und Lasten des gesammten Kriegswesens des Reichs sind von allen Bundesstaaten und ihren Angehörigen gleichmäßig zu tragen, so daß weder Bevorzugungen, nach Prägravationen einzelner Staaten oder Klassen grundsätzlich zulässig sind. Wo die gleiche Vertheilung der Lasten sich in natura nicht herstellen

[1]) Vgl. v. Rönne's Staatsrecht des D. Reiches, 2. Aufl., Bd. II. Abth. 2 §§ 107—120 S. 111 ff.

läßt, ohne die öffentliche Wohlfahrt zu schädigen, ist die Ausgleichung nach den Grundsätzen der Gerechtigkeit im Wege der Gesetzgebung festzustellen.

RG. v. 11. Nov. 1871, betr. die Bildung eines Reichskriegsschatzes (RGB. 1871 S. 403).

Dazu: V. v. 22. Jan. 1874, betr. die Verwaltung des Reichskriegsschatzes (RGB. 1874 S. 9).

Artikel 59.

Jeder wehrfähige Deutsche gehört sieben Jahre lang, in der Regel vom vollendeten 20. bis zum beginnenden 28. Lebensjahre, dem stehenden Heere — und zwar die ersten drei Jahre bei den Fahnen, die letzten vier Jahre in der Reserve — und die folgenden fünf Lebensjahre der Landwehr an. In denjenigen Bundesstaaten, in denen bisher eine längere als zwölfjährige Gesammtdienstzeit gesetzlich war, findet die allmälige Herabsetzung der Verpflichtung nur in dem Maaße statt, als dies die Rücksicht auf die Kriegsbereitschaft des Reichsheeres zuläßt.

In Bezug auf die Auswanderung der Reservisten sollen lediglich diejenigen Bestimmungen maßgebend sein, welche für die Auswanderung der Landwehrmänner gelten.

Vgl. BG. v. 9. Nov. 1867, betr. die Verpflichtung zum Kriegsdienste (BGB. 1867 S. 131) § 15, BG. v. 1. Juni 1870 über die Erwerbung und den Verlust der Bundes- und Staatsangehörigkeit (BGB. 1870 S. 355) §§ 15 und 17, und Strafgesetzbuch für das Deutsche Reich (RGB. 1876 S. 40) §§ 140 und 360 Nr. 3.

Artikel 60.

Die Friedens=Präsenzstärke des Deutschen Heeres wird bis zum 31. Dezember 1871. auf Ein Prozent der Bevölkerung von 1867. normirt, und wird pro rata derselben von den einzelnen Bundesstaaten gestellt. Für die spätere Zeit wird die Friedens=Präsenzstärke des Heeres im Wege der Reichsgesetzgebung festgestellt [1]).

RG. v. 9. Dez. 1871, betr. die Friedenspräsenzstärke des Deutschen Heeres und die Ausgaben für die Verwaltung desselben für die Jahre 1872, 1873 und 1874 (RGB. 1871 S. 411).

Reichs=Militairgesetz v. 2. Mai 1874 § 1 (Verlängerung der Friedenspräsenzstärke des Heeres für die Zeit v. 1. Jan. 1875 bis zum 31. Dez. 1881) (RGB. 1874 S. 45).

RG. v. 6. Mai 1880, betr. Ergänzungen und Aenderungen des Reichs=Militairgesetzes v. 2. Mai 1874 Art I. § 1 (RGB. 1880 S. 103). [Feststellung der Friedenspräsenzstärke des Heeres an Mannschaften für die Zeit von 1. April 1881 bis zum 31. März 1888 auf 427 274 Mann, wobei die Einjährig=Freiwilligen nicht zur Anrechnung gelangen].

Artikel 61.

Nach Publikation dieser Verfassung ist in dem ganzen Reiche die gesammte Preußische Militairgesetzgebung ungesäumt einzuführen, sowohl die Gesetze selbst, als die zu ihrer Ausführung, Erläuterung oder Ergänzung erlassenen Reglements, Instruktionen und Reskripte, namentlich also das Militair=Strafgesetzbuch vom 3. April 1845., die Militair=Strafgerichtsordnung vom 3. April 1845., die Verordnung über die Ehren=

[1]) Vgl. hierzu v. Rönne's Staatsrecht des D. Reiches, 2. Aufl., Bd. II. Abth. 1 § 88 S. 148 ff.

gerichte vom 20. Juli 1843., die Bestimmungen über Aushebung, Dienstzeit, Servis- und Verpflegungswesen, Einquartierung, Ersatz von Flurbeschädigungen, Mobilmachung u. s. w. für Krieg und Frieden. Die Militair-Kirchenordnung ist jedoch ausgeschlossen.

Nach gleichmäßiger Durchführung der Kriegsorganisation des Deutschen Heeres wird ein umfassendes Reichs-Militairgesetz dem Reichstage und dem Bundesrathe zur verfassungsmäßigen Beschlußfassung vorgelegt werden.

1. Auf Grund des Art. 61 Abs. 1 der Reichsverfassung sind folgende Verordn. des Präsidiums des Nordd. Bundes ergangen:

a. V. v. 7. Nov. 1867, betr die Einführung Preuß. Militairgesetze im ganzen Bundesgebiete (BGB. 1867 S. 125)[1]).

b. V. v. 29. Dez. 1867, betr die Einführung des Preuß. Militairstrafrechts im ganzen Bundesgebiete (BGB. 1867 S. 185), welcher für das Gebiet des Nordd. Bundes erlassenen V. eine Zusammenstellung der das geltende Preuß. Militairstrafrecht enthaltenden Gesetze, Verordnungen und Erlasse beigefügt ist.

---

[1]) Die durch diese V. im ganzen Nordd. Bundesgebiete eingeführten Preuß. Militairgesetze sind demnächst zum größten Theile durch Reichsgesetze ersetzt worden. Das darunter auch begriffene G. v. 27. Febr. 1850, betr die Unterstützung der bedürftigen Familien zum Dienste einberufener Reserve- und Landwehrmannschaften (Preuß. GS. 1850 S. 70), ist, zuf. des Bundes-G. v. 8. April 1868 (BGB. 1868 S. 38), auch auf die bedürftigen Familien der zum Dienste einberufenen Ersatzmannschaften für anwendbar erklärt, und hat zuf. des RG. v. 22. Nov. 1871 (RGB. 1871 S. 399) auch für Baden Geltung erlangt. Vgl. dazu RG v. 4. Dez. 1871, betr. den Ersatz der den bedürftigen Familien zum Dienste einberufener Reserven und Landwehrmannschaften gewährten oder noch zu gewährenden gesetzlichen Unterstützungen (RGB. 1871 S. 407).

Zuf. V. v. 24. Nov. 1871 sind die Bestimmungen der V. v. 29. Dez. 1867 auch für Baden in Kraft gesetzt worden (RGB. 1871 S. 401).

Vgl. G. v. 6. Dez. 1873, betr. die Einführung der Preuß. Militairstrafrechts-Ordn. in Elsaß-Lothringen (GB. f. Elf.-Lothr. 1873 S. 331).

c. V. v. 22. Dez. 1868, betr. die Einführung der in Preußen geltenden Vorschriften über die Heranziehung der Militairpersonen zu Kommunalauflagen im ganzen Bundesgebiete (BGB. 1868 S. 571). Dazu: RG. v. 28. März 1886, betr. die Heranziehung von Militairpersonen zu den Gemeindeabgaben (RGB. 1886 S. 65).

2. Bundes- und Reichsgesetze in Betreff des Militairwesens.

a. α) BG. v. 9. Nov 1867, betr die Verpflichtung zum Kriegsdienste (BGB. 1867 S. 131), zum Reichsgesetze erklärt.

Vgl. Anm. 1 zum Art. 57 der Reichsverfassung.

β) Reichs-Militairgesetz v. 2. Mai 1874 (RGB. 1874 S. 45) und RG. v. 6. Mai 1880, betr. Ergänzungen und Abänderungen des Reichs-Militairgesetzes v. 2. Mai 1874 (RGB. 1880 S. 103).

γ) RG. v. 12. Febr. 1875 über den Landsturm (RGB. 1875 S. 63).

δ) RG. v. 15. Febr 1875, betr. die Ausübung der militairischen Kontrole über die Personen des Beurlaubtenstandes, die Uebungen derselben, sowie die gegen sie zulässigen Disziplinarstrafmittel (RGB. 1875 S. 65).

ε) Allerh. O. v. 28. Sept. 1875 mit der Deutschen Wehrordnung und der Heerordnung (RCB. 1875 Nr. 41 S. 534 ff. und in dem Werke. Die Militairgesetze des D. Reiches [Berlin, 1876] Bd. I. Lief. 3 S. 122 ff.). Dazu: Allerh. O. v. 31. Aug. 1880 mit Ergänzungen und Aenderungen der Wehrordnung v. 28. Sept. 1875 (RCB 1880 S. 578, Preuß. Min. Bl. d. i. V. 1880 S. 283) und Allerh. O. v. 26. Aug. 1880 mit Ergänzungen und Aenderungen der Heerordnung (Preuß. Min. Bl. d. i. V. 1881 S. 120 ff.).

b. RG. v. 30. Juni 1873, betr. die Bewilligung von Wohnungsgeldzuschüssen an Offiziere und Aerzte des Reichsheeres und der Kaiserl. Marine, sowie an die Reichsbeamten (RGB. 1873 S. 166).

Vgl. Anm. II. 2 zum Art. 18 der Reichsverfassung.

c. α) RG. v. 27 Juni 1871, betr. die Pensionirung und Versorgung der Militairpersonen des Reichsheeres und der Kaiserlichen Marine, sowie die Bewilligung für die Hinterbliebenen solcher Personen (RGB. 1871 S. 275).

RG. v. 4. April 1874, betr. einige Abänderungen und Ergänzungen des G. v. 27. Juni 1871 über die Pensionirung und Versorgung der Militairpersonen ꝛc. (RGB. 1874 S. 25).

Diese beiden Gesetze gelten auch für Elsaß-Lothringen, zuf. RG. v. 8. Febr. 1875 (RGB. 1875 S. 69, GB. f. Elf.-Lothr. 1875 S. 9).

Vgl. dazu die Ausführungsbestimmungen des Preuß. Kriegs- und Marine-Min. v. 18. Aug. 1871 (Preuß. Armeeverordn.-Bl. 1871 S. 227) und des Bundesrathes v. 22. Febr. 1875 (RCB. 1875 S. 142 und Preuß. Armeeverordn.-Bl. 1875 S. 63).

RG. v. 30. März 1880, betr. eine Ergänzung des Gesetzes v. 27 Juni 1871 über die Pensionirung und Versorgung der Militairpersonen ꝛc. (RGB. 1880 S. 99).

RG. v. 21. April 1886, betr. die Abänderung des Militairpensionsgesetzes v. 27. Juni 1871 (RGB. 1886 S. 78).

β) RG. v. 23. Mai 1873, betr. die Gründung und Verwaltung des Reichsinvalidenfonds (RGB. 1873 S. 117).

Dazu:

αα) RG. v. 26. Febr. 1876, wegen Abänderung des G. v. 23. Mai 1873, betr. die Gründung und Verwaltung des Reichsinvalidenfonds (RGB. 1876 S. 24).

ββ) RG. v. 11. Mai 1877, wegen Abänderung des G. v. 23. Mai 1873, betr. die Gründung und Verwaltung des Reichsinvalidenfonds (RGB. 1877 S. 495).

γγ) RG. v. 30. März 1879, wegen Abänderung der Gesetze v. 23. Febr. 1876 und v. 23. Mai 1873, betr. die Verwaltung des Reichsinvalidenfonds (RGB. 1879 S. 119).

δδ) RG. v. 2. Juni 1878, betr. die Gewährung einer Ehrenzulage an die Inhaber des Eisernen Kreuzes von 1870/71 [aus dem Reichsinvalidenfonds] (RGB. 1878 S. 99). — Dazu: Allerh. Erl. v. 19. Nov. 1878, betr. die Bestimmung derjenigen militairischen Dienstauszeichnungen, welche außer dem Preuß. Militairehrenzeichen zweiter Klasse neben dem Besitze des Eisernen Kreuzes zweiter Klasse zum Bezuge der Ehrenzulage nach Maßgabe des Gesetzes v. 2. Juni 1878 berechtigen (RGB. 1878 S. 361).

εε) RG. v. 17 Juni 1878, betr. die Uebernahme bisher aus Landesfonds gezahlter Pensionen auf das Reich [Zahlung aus dem Reichsinvalidenfonds] (RGB. 1878 S. 127).

ζζ) Bekanntmachung des Reichskanzlers v. 11. Juni 1874, betr. die Geschäftsanweisung für die Verwaltung des Reichsinvalidenfonds (RGB. 1874 S. 104).

γ) BG. v. 14. Juni 1868, betr. die Bewilligung von lebenslänglichen Pensionen und Unterstützungen an Offiziere und obere Militairbeamte der vormaligen Schleswig-Holsteinischen Armee, sowie an deren Wittwen und Waisen (BGB. 1868 S. 335).

BG. v. 3. März 1870, betr. die Bewilligung von lebenslänglichen Pensionen und Unterstützungen an Militairpersonen der Unterklassen der vormaligen Schleswig-Holsteinischen Armee, sowie an deren Wittwen und Waisen (BGB. 1870 S. 39).

Vgl. dazu die Ausführungsbestimmungen v. 3. Mai 1870 (Preuß. Min.Bl. der i. V. 1870 S. 219).

Beide Gesetze gelten auch für die Süddeutschen Staaten, zuf. Art. 80 unter I. Ziffer 9 und 21 der mit Baden und Hessen vereinbarten Verf. (BGB. 1870 S. 647), der Art. 1 und 2 Nr. 6 des Bündnißvertrages mit Württemberg v. 25. Nov. 1870 (a. a. O. S. 656) und des § 2 unter I. Nr. 5 und 11 des RG. v. 22. April 1871 (BGB. 1871 S. 87).

Bezüglich der Uebernahme dieser Pensionen und Unterstützungen auf den Reichsinvalidenfonds vgl. das RG. v. 17. Juni 1878 (RGB. 1878 S. 127).

d. Naturalleistungen für die bewaffnete Macht.

α) BG. v. 25. Juni 1868, betr. die Quartierleistung für die bewaffnete Macht während des Friedenszustandes, nebst Regulativ für die Quartierbedürfnisse, Servistarif und Klasseneintheilung der Orte (BGB. 1868 S. 523 ff.)[1]).

Abänderungen der Klasseneintheilung: Allerh. Erl. v. 26. April 1869 (BGB. 1869 S. 130), und Allerh. Erl. v. 17. März 1870 (BGB. 1870 S. 52).

Dazu Allerh. Erl. v. 31 Dez. 1868 mit der Instruktion zur Ausführung des Bundesgesetzes wegen der Quartierleistung rc. v. 25. Juni 1868 (BGB. 1869 S. 1), und Allerh. Erl. v. 3. Sept. 1870, betr. die Abänderung des § 15 der Instruktion (BGB. 1870 S. 514).

RG. v. 22. Nov. 1871, betr. die Einführung des G. des Nordd. Bundes über die Quartierleistung für die bewaffnete Macht während des Friedenszustandes v. 25. Juni 1868 in Baden (RGB. 1871 S. 400).

G. v. 14. Juli 1871 (für Elsaß-Lothringen), betr. die Quartierleistung für die bewaffnete Macht und die Naturalverpflegung der Truppen im Frieden (GB. f. Els.-Lothr. 1871 S. 187).

RG. v. 9. Febr. 1875, betr. die Einführung des Gesetzes des Nordd. Bundes über die Quartierleistung für die bewaffnete Macht während des Friedenszustandes v. 25. Juni 1868 im Königreiche Bayern (RGB. 1875 S. 48).

RG. v. 9. Febr. 1875, betr. die Einführung des Gesetzes über die Quartierleistung für die bewaffnete Macht während des Friedenszustandes v. 25. Juni 1868 in Württemberg (RGB. 1875 S. 52).

---

[1]) In Hessen südlich des Mains ist das BG. v. 25. Juni 1868 auf Grund des Art. 2 Abs. 2 der Militairkonvention zwischen Hessen und Preußen v. 7. April 1867 durch das Hessische Landesgesetz v. 11. Aug. 1869 (Großherzogl. Hessisches Reg.-Bl. 1869 S. 617) eingeführt worden.

RG. v. 3. Aug. 1878, betr. die Revision des Servistarifs und der Klasseneintheilung der Orte (RGB. 1878 S. 243).

V. v. 22. Febr. 1881, betr. die Aenderung der Klasseneintheilung einzelner Orte (RGB. 1881 S. 35).

V. v. 9. Mai 1882, betr. die Aenderung der Klasseneintheilung einzelner Orte (RGB. 1882 S. 57).

β) RG. v. 13. Febr. 1875 über die Naturalleistungen für die bewaffnete Macht im Frieden (RGB. 1875 S. 52).

Dazu: Allerh. Erl. v. 2. Sept. 1875 nebst der Instr. zur Ausführung des G. v. 13. Febr. 1875 über die Naturalleistungen für die bewaffnete Macht im Frieden (RGB. 1875 S. 261), und Allerh. Erl. v. 11. Juli 1878, betr. Abänderungen und Ergänzungen der Instr. v. 2. Sept. 1875 (RGB. 1878 S. 229), nebst Allerh. Erl. v. 24. Juni 1883, betr. die Zahlungsanweisung der Vergütungen für die durch die Truppenübungen entstehenden Flurschäden (RGB. 1883 S. 264).

γ) RG. über die Kriegsleistungen v. 13. Juni 1873 (RGB. 1873 S. 129). Auch gültig für Elsaß-Lothringen, zuf. G. v. 6. Okt. 1873 (GB. f. Elf.-Lothr. 1873 S. 262).

Dazu:

αα) V. v. 1. April 1876, betr. die Ausführung des G. v. 13. Juni 1873 über die Kriegsleistungen (RGB. 1876 S. 137).

ββ) V. v. 18. April 1882, betr. die Form der Marschrouten für Kriegsverhältnisse (RGB. 1882 S. 47).

γγ) V. v. 6. Juni 1885 zur Ergänzung der Ausführungsbestimmungen zu dem G. v. 13. Juni 1873 über die Kriegsleistungen, v. 1. April 1876 und 18. April 1882 (RGB. 1885 S. 197).

e. RG. v. 21. Dez. 1871, betr die Beschränkungen des Grundeigenthums in der Umgebung von Festungen (RGB. 1871 S. 459). Auch gültig für Elsaß-Lothrigen, zuf. G. v. 21. Febr. 1872 (RGB. 1872 S. 56, GB. f. Elf.-Lothr. 1872 S. 133).

Dazu die Bekanntmachungen, betr. die Erweiterung von Festungsanlagen v. 26. Febr. 1872 (RGB. 1872 S. 56, GB. f. Elf.-Lothr. 1872 S. 147), v. 1. Febr. 1873 (RGB. 1873 S. 39),

v. 27. März 1873 (RGB. 1873 S. 58) und v. 7. Juni 1876 (RGB. 1876 S. 165), v. 8. Jan. 1882 (RGB. 1882 S. 3) und v. 4. Dez. 1884 (RGB. 1884 S. 253).

f. Militairstrafgesetzbuch für das Deutsche Reich v. 20. Juni 1872 (RGB. 1872 S. 174) und Einführungs-G. zum Militairstrafgesetzbuche für das Deutsche Reich v. 20. Juni 1872 (RGB. 1872 S. 173). [Dazu: Druckfehlerberichtigung im RGB. 1873. Beilage zu Stück 15 S. 138.]

Zur Anlage unter B. des Militairstrafgesetzbuches v. 20. Juni 1872: V. v. 29. Juni 1880, betr die Klasseneintheilung der Militairbeamten des Reichsheeres und der Marine (RGB. 1880 S. 169).

g. RG. v. 22. Juni 1871, betr. die Verleihung von Dotationen in Anerkennung hervorragender im letzten Kriege erworbener Verdienste (RGB. 1871 S. 307).

h. Allerh. Erl. v. 20. Mai 1871, betr. die Stiftung einer Kriegsdenkmünze für die Feldzüge 1870 und 1871 (nebst Stiftungsstatut) (RGB. 1871 S. 111).

Erweiterungen des Stiftungsstatuts RGB. 1871 S. 113 und 1872 S. 84.

RG. v. 24. Mai 1871, betr. die (Kosten der) Kriegsdenkmünze für die bewaffnete Macht des Reichs (RGB. 1872 S. 103).

i. RG. v. 31. Mai 1877, betr. die Verwendung eines Theiles des Reingewinns aus dem von dem großen Generalstabe redigirten Werke „Der Deutsch-Französische Krieg 1870/1871" (RGB. 1877 S. 523) und RG. v. 12. Juli 1884, betr. den Reingewinn aus dem von dem großen Generalstabe verfaßten Werke „Der Deutsch-Französische Krieg 1870/1871" (RGB. 1884 S. 119). Dazu: Allerh. Erl. v. 21. März 1878, betr. die Generalstabsstiftung (mit dem Statut derselben) (RGB. 1878 S. 13).

Artikel 62 [1]).

Zur Bestreitung des Aufwandes für das gesammte Deutsche Heer und die zu demselben gehörigen Einrichtungen sind bis zum 31. Dezember 1871. dem Kaiser jährlich sovielmal 225 Thaler, in Worten zweihundert fünf und zwanzig Thaler, als die Kopfzahl der Friedensstärke des Heeres nach Artikel 60. beträgt, zur Verfügung zu stellen. Vergl. Abschnitt XII [2]).

Nach dem 31. Dezember 1871. müssen diese Beiträge von den einzelnen Staaten des Bundes zur Reichskasse fortgezahlt werden. Zur Berechnung derselben wird die im Artikel 60. interimistisch festgestellte Friedens-Präsenzstärke so lange festgehalten, bis sie durch ein Reichsgesetz abgeändert ist.

Die Verausgabung dieser Summe für das gesammte Reichsheer und dessen Einrichtungen wird durch das Etatsgesetz festgestellt.

Bei der Feststellung des Militair-Ausgabe-Etats wird die auf Grundlage dieser Verfassung gesetzlich feststehende Organisation des Reichsheeres zu Grunde gelegt.

1. Hinsichtlich der Zahlungen Badens vgl. Protokoll v. 15. Nov. 1870, betr. die Vereinbarung zwischen dem Nordd. Bunde, Baden und Hessen über Gründung des Deutschen Bundes (BGB. 1870

---

1) Vgl. hierzu v. Rönne's Staatsrecht des D. Reiches, 2. Aufl., Bd. II. Abth. 1 § 88 S. 148 ff.

2) Vgl. Art. 70 und Schlußbestimmung zum XII. Abschn. der Reichsverfassung.

S. 650) unter 7 (zu Art. 62 der Verf.[1]); hinsichtlich Württembergs die Verhandlung v. 25. Nov. 1870 über den Beitritt Württembergs zur Verf. des Deutschen Bundes (BGB. 1870 S. 657)[2]) und Art. 13 der Militairkonvention mit Württemberg v. 21. u. 25. Nov. 1870 (BGB. 1870 S. 658)[3]).

Hinsichtlich der Feststellung der von Bayern auf sein Heer zu verwendenden Gesammtsumme vgl. den Bündnißvertrag mit Bayern v. 22. Nov. 1870 (BGB. 1871 S. 9) unter II.[4]).

2. RG. v. 9. Dez. 1871, betr. die Friedenspräsenzstärke des Deutschen Heeres und die Ausgaben für die Verwaltung desselben für die Jahre 1872, 1873 und 1874 (RGB. 1871 S. 411).

RG. v. 14. Juni 1873, betr. außerordentliche Ausgaben für die Jahre 1873 und 1874 zur Verbesserung der Lage der Unteroffiziere (RGB. 1873 S. 139).

3. Vgl. Art. 71 Abs. 2 der Reichsverfassung.

Artikel 63.

Die gesammte Landmacht des Reichs wird ein einheitliches Heer bilden, welches in Krieg und Frieden unter dem Befehle des Kaisers steht.

Die Regimenter rc. führen fortlaufende Nummern durch das ganze Deutsche Heer. Für die Bekleidung sind die Grundfarben und der Schnitt der Königlich Preußischen Armee maßgebend. Dem betreffenden Kontingentsherrn bleibt es überlassen, die äußeren Abzeichen (Kokarden rc.) zu bestimmen.

Der Kaiser hat die Pflicht und das Recht, dafür Sorge zu tragen, daß innerhalb des Deutschen Heeres

[1]) Vgl. unten Anlage V.
[2]) Vgl. unten Anlage VI.
[3]) Vgl. unten Anlage XI.
[4]) Vgl. unten Anlage X.

alle Truppentheile vollzählig und kriegstüchtig vorhanden sind und daß Einheit in der Organisation und Formation, in Bewaffnung und Kommando, in der Ausbildung der Mannschaften, sowie in der Qualifikation der Offiziere hergestellt und erhalten wird. Zu diesem Behufe ist der Kaiser berechtigt, sich jederzeit durch Inspektionen von der Verfassung der einzelnen Kontingente zu überzeugen, und die Abstellung der dabei vorgefundenen Mängel anzuordnen.

Der Kaiser bestimmt den Präsenzstand, die Gliederung und Eintheilung der Kontingente des Reichsheeres, sowie die Organisation der Landwehr, und hat das Recht, innerhalb des Bundesgebietes die Garnisonen zu bestimmen, sowie die kriegsbereite Aufstellung eines jeden Theils des Reichsheeres anzuordnen.

Behufs Erhaltung der unentbehrlichen Einheit in der Administration, Verpflegung, Bewaffnung und Ausrüstung aller Truppentheile des Deutschen Heeres sind die bezüglichen künftig ergehenden Anordnungen für die Preußische Armee den Kommandeuren der übrigen Kontingente, durch den Artikel 8. Nr. 1. bezeichneten Ausschuß für das Landheer und die Festungen, zur Nachachtung in geeigneter Weise mitzutheilen.

Artikel 64.

Alle Deutsche Truppen sind verpflichtet, den Befehlen des Kaisers unbedingte Folge zu leisten. Diese Verpflichtung ist in den Fahneneid aufzunehmen.

Der Höchstkommandirende eines Kontingents, sowie alle Offiziere, welche Truppen mehr als eines Kontingents befehligen, und alle Festungskommandanten werden von dem Kaiser ernannt. Die von Demselben ernannten Offiziere leisten Ihm den Fahneneid. Bei Generalen und den Generalstellungen versehenden Offizieren innerhalb des Kontingents ist die Ernennung von der jedesmaligen Zustimmung des Kaisers abhängig zu machen.

Der Kaiser ist berechtigt, Behufs Versetzung mit oder ohne Beförderung für die von Ihm im Reichsdienste, sei es im Preußischen Heere, oder in anderen Kontingenten zu besetzenden Stellen aus den Offizieren aller Kontingente des Reichsheeres zu wählen.

Artikel 65.

Das Recht, Festungen innerhalb des Bundesgebietes anzulegen, steht dem Kaiser zu, welcher die Bewilligung der dazu erforderlichen Mittel, soweit das Ordinarium sie nicht gewährt, nach Abschnitt XII. beantragt.

1. R.G. v. 30. Mai 1873, betr. die Geldmittel zur Umgestaltung und Ausrüstung von Deutschen Festungen (RGB. 1873 S. 123). [Reichs-Festungs-Baufonds.]

Vgl. RG. v. 8. Juli 1872, betr. die Französische Kriegskostenentschädigung (RGB. 1872 S. 289).

2. Vgl. RG. v. 21. Dez. 1871, betr. die Beschränkungen des Grundeigenthums in der Umgebung von Festungen (RGB. 1871 S. 459). Vgl. Anm. 2e zum Art. 61 der Reichsverfassung.

Artikel 66 [1]).

Wo nicht besondere Konventionen ein Anderes bestimmen, ernennen die Bundesfürsten, beziehentlich die Senate die Offiziere ihrer Kontingente, mit der Einschränkung des Artikels 64. Sie sind Chefs aller ihren Gebieten angehörenden Truppentheile und genießen die damit verbundenen Ehren. Sie haben namentlich das Recht der Inspizirung zu jeder Zeit und erhalten, außer den regelmäßigen Rapporten und Meldungen über vorkommende Veränderungen, Behufs der nöthigen landesherrlichen Publikation, rechtzeitige Mittheilung von den die betreffenden Truppentheile berührenden Avancements und Ernennungen.

Auch steht ihnen das Recht zu, zu polizeilichen Zwecken nicht blos ihre eigenen Truppen zu verwenden, sondern auch alle anderen Truppentheile des Reichsheeres, welche in ihren Ländergebieten dislocirt sind, zu requiriren.

Artikel 67.

Ersparnisse an dem Militair-Etat fallen unter keinen Umständen einer einzelnen Regierung, sondern jederzeit der Reichskasse zu.

Artikel 68.

Der Kaiser kann, wenn die öffentliche Sicherheit in dem Bundesgebiete bedroht ist, einen jeden Theil des-

[1]) Vgl. hierzu v. Rönne's Staatsrecht des D. Reiches, 2. Aufl., Bd. II. Abth. 2 § 107 S. 126 ff.

selben in Kriegszustand erklären. Bis zum Erlaß eines die Voraussetzungen, die Form der Verkündigung und die Wirkungen einer solchen Erklärung regelnden Reichsgesetzes gelten dafür die Vorschriften des Preußischen Gesetzes vom 4. Juni 1851. (Gesetz-Samml. für 1851. S. 451 ff.).

Vgl. § 4 des Einf.-G. v. 31. Mai 1870 zum Strafgesetzbuch für den Nordd. Bund (BGB. 1870 S. 195) und für Bayern § 7 des R.G. v. 22. April 1871 (BGB. 1871 S. 89).

Vgl. Militairstrafgesetzbuch für das D. Reich v. 20. Juni 1872 § 9 (RGB. 1872 S. 175).

Schlußbestimmung zum XI. Abschnitt.

Die in diesem Abschnitt enthaltenen Vorschriften kommen in Bayern nach näherer Bestimmung des Bündnißvertrages vom 23. November 1870. (Bundesgesetzbl. 1871. S. 9.) unter III. §. 5.[1]), in Württemberg nach näherer Bestimmung der Militairkonvention vom 21./25. November 1870. (Bundesgesetzbl. 1870. S. 658.[2]) zur Anwendung.

XII. Reichsfinanzen[3]).

Artikel 69.

Alle Einnahmen und Ausgaben des Reichs müssen für jedes Jahr veranschlagt und auf den Reichshaus-

---

[1]) Vgl. unten Anlage X.

[2]) Vgl. unten Anlage XI.

[3]) Vgl. v. Rönne's Staatsrecht des D. Reiches, 2. Aufl., Bd. II. Abth. 1 §§ 70—91 S. 65 ff.

halts-Etat gebracht werden. Letzterer wird vor Beginn des Etatsjahres nach folgenden Grundsätzen durch ein Gesetz festgestellt.

RG. v. 29. Febr. 1876, betr. das Etatsjahr für den Reichshaushalt (RGB. 1876 S. 121).

G. v. 18. März 1878, betr die Verlegung des Etatsjahres für das öffentliche Rechnungswesen in Elsaß-Lothringen (GB. f. Els.-Lothr. 1878 S. 7).

Artikel 70.

Zur Bestreitung aller gemeinschaftlichen Ausgaben dienen zunächst die etwaigen Ueberschüsse der Vorjahre, sowie die aus den Zöllen, den gemeinschaftlichen Verbrauchssteuern und aus dem Post- und Telegraphenwesen fließenden gemeinschaftlichen Einnahmen. Insoweit dieselben durch diese Einnahmen nicht gedeckt werden, sind sie, so lange Reichssteuern nicht eingeführt sind, durch Beiträge der einzelnen Bundesstaaten nach Maßgabe ihrer Bevölkerung aufzubringen, welche bis zur Höhe des budgetmäßigen Betrages durch den Reichskanzler ausgeschrieben werden.

1. Ad v.: Reichssteuern.

a. Wechselstempelsteuer:

α) BG. v. 10. Juni 1869, betr. die Wechselstempelsteuer im Nordd. Bunde (BGB. 1869 S. 193). Auch gültig für Baden und Südhessen, zuf. Art. 80 unter I. ib. der mit Baden und Hessen vereinbarten Verf. (BGB. 1870 S. 647), für Württemberg, zuf. Art. 6 Nr. 6 des Vertrages mit Württemberg v. 25. Nov. 1870 (BGB. 1870 S. 656), für Bayern, zuf. § 4 des RG. v. 22. April 1871 (BGB. 1871 S. 88), für die Hohenzollernschen Lande, zuf. Art. 80 unter II. der mit Baden und Hessen vereinbarten Verf. (BGB. 1870 S. 647) und laut Bekanntmachung des Reichskanzlers v. 30. Dez. 1870 (BGB. 1870 S. 666) und für Elsaß-Lothringen, zuf. G. v. 14. Juli 1871 (BG. f. Elf.-Lothr. 1871 S. 175).

Dazu: Bekanntmachungen des Bundes-, bezw. Reichskanzlers zur Ausführung des Gesetzes v. 13. Dez. 1869 (BGB. 1869 S. 691), v. 23. Juni 1871 (RGB. 1871 S. 267) und v. 13. Dez. 1874 (RGB. 1874 S. 148) und für Elsaß-Lothringen Bekanntmachung v. 27. Juni 1871 (GB. f. Elf.-Lothr. 1871 S. 183).

Ueber den Debit der Wechselstempelmarken und gestempelten Blankets zur Entrichtung der Wechselstempelsteuer, sowie das Verfahren bei Erstattung verdorbener Stempelmarken und Blankets: Bekanntmachungen des Bundes-, bezw. Reichskanzlers v. 13. Dez. 1869 (BGB. 1869 S. 695), v. 21. Febr. 1870 (BGB. 1870 S. 36), v. 11. Aug. 1871 (RGB. 1871 S. 323), v. 11. Juli 1873 (RGB. 1873 S. 295), v. 16. Juli 1881 (RGB. 1881 S. 245), v. 22. Nov. 1881 (RGB. 1881 S. 271), v. 10. Juli 1882 (RGB. 1882 S. 122), v. 9. Juni 1884 (RGB. 1884 S. 68) und v. 15. März 1886 (RGB. 1886 S. 60) und für Elsaß-Lothringen: Bekanntmachung v. 3. Aug 1871 (GB. f. Elf.-Lothr 1871 S. 245) und v. 30. Juli 1873 (a. a. O. 1873 S. 184).

β) R.G. v. 4. Juni 1879, wegen Abänderung des Gesetzes v. 10. Juni 1869, betr. die Wechselstempelsteuer (RGB. 1879 S. 151).

Dazu: Bekanntmachung des Reichskanzlers v. 13. Juni 1879, betr. die Ausgabe neuer Stempelmarken und gestempelter Blankets zur Entrichtung der Wechselstempelsteuer (RGB. 1879 S. 153); Bekanntmachung des Reichskanzlers v. 24. März 1880, betr. den Umtausch und die Einlösung der vor dem 1. Juli 1879 ausgegebenen Stempelmarken und gestempelten Blankets zur Entrichtung der Wechselstempelsteuer (RGB. 1880 S. 94); Bekanntmachung des Reichskanzlers v. 16. Juli 1881, betr. die Abänderung der Vorschriften über die Verwendung der Wechselstempelmarken. (RGB. 1881 S. 245); Bekanntmachung des Reichskanzlers

v. 22. Nov. 1881, betr. die Ausgabe neuer Stempelmarken zur Entrichtung der Wechselstempelsteuer (RGB. 1881 S. 271).

Bekanntmachung des Reichskanzlers v. 12. Nov. 1879, betr. die Berechnung der Wechselstempelabgabe von den in außerdeutschen Währungen ausgedrückten Wechselsummen (RCB. 1879 S. 663). Dazu: Bekanntmachung des Reichskanzlers v. 1. Febr. 1882 (RCB. 1882 S. 26).

b. Spielkartenstempelsteuer:

RG. v. 3. Juli 1878, betr. den Spielkartenstempel (RGB. 1878 S. 133).

Zur Ausführung dieses Gesetzes ergangene Bekanntmachungen des Reichskanzlers v. 6. Juli 1878 (RCB. 1878 S. 403), v. 2. Nov. 1878 (a. a. O. S. 614), v. 11. Nov. 1878 (a. a. O. S. 623), v. 15. April 1879 (RCB. 1879 S. 286), v. 24. April 1879 (a. a. O. S. 327), v. 2. Mai 1879 (a. a. O. S. 339), v. 15. Juli 1879 (a. a. O. S. 489) und v. 7. Aug. 1879 (a. a. O. S. 516).

Verzeichniß der im D. Reiche zur Abstempelung von Spielkarten dauernd befugten Zoll- und Steuerstellen im RCB. 1880 S. 669.

c. Reichsstempelabgaben:

α) RG. v. 1. Juli 1881, betr. die Erhebung von Reichsstempelabgaben (RGB 1881 S. 185).

Dazu: Ausführungsvorschriften des Bundesrathes v. 7. Juli 1881 zu dem Gesetze v. 1. Juli 1881 (RCB. 1881 S. 283) und Bestimmungen des Bundesrathes v. 7. Juli 1881 über die Erhebung und Berechnung der nach dem Gesetze v. 1. Juli 1881 zu entrichtenden Reichsstempelabgaben (a. a. O. S. 304).

Verzeichniß derjenigen Steuerstellen, welche zur Erhebung der Reichsstempelabgaben und zur Abstempelung von ausländischen Aktien, Noten und Schuldverschreibungen nach Maßgabe der Bestimmung unter „Ausnahmen" zu Ziffer 1 und 2 des Tarifs zum Gesetze v. 1. Juli 1881 zuständig sind, im RCB. 1881 S. 387.

β) RG. v. 29. Mai 1885, betr. Abänderung des Gesetzes wegen Erhebung von Reichsstempelabgaben vom 1. Juli 1881 (RGB. 1885 S. 171).

Dazu: Bekanntmachung des Reichskanzlers v. 3. Juni 1885, betr. die Redaktion des Gesetzes wegen Erhebung von Reichsstempelabgaben (RGB. 1885 S. 179).

d. RG. v. 8. Juni 1871, betr. die Inhaberpapier mit Prämien (RGB. 1871 S. 210), § 4. [Vereinnahmung der Abstempelungsgebühr zur Reichskasse.]

Vgl. unten Anlage IX, unter I. 2.

2. RG. v. 25. Mai 1873 über die Rechtsverhältnisse der zum dienstlichen Gebrauche einer Reichsverwaltung bestimmten Gegenstände (RGB. 1873 S. 113). Auch gültig für Elsaß-Lothringen, zuf. G. v. 8. Dez. 1873 (GB. f. Elf.-Lothr. 1873 S. 387).

3. RG. v. 14 Juni 1871, betr. den Erweiterungsbau für das Dienstgebäude des Reichskanzler-Amtes (RGB. 1871 S. 254) und RG. v. 14. Juni 1873, betr. die Geldmittel zur Erweiterung der Diensträume des auswärtigen Amtes (RG. 1873 S. 138), RG. v. 12. Juni 1873, betr. die Erweiterung der Dienstgebäude des Kriegs-Ministeriums und Generalstabes in Berlin, sowie der Militair-, Erziehungs- und Bildungsanstalten (RGB. 1873 S. 127), RG. v. 31. März 1874, betr. die Erwerbung eines Grundstücks Behufs Errichtung eines Gebäudes für die Kaiserl. Botschaft in Wien (RGB. 1874 S. 24), RG. v. 1. Mai 1874, betr. die Erwerbung eines Dienstgebäudes für das Reichseisenbahnamt (RGB. 1874 S. 39), RG. v. 25. Jan. 1875, betr. die Erwerbung von zwei in Berlin gelegenen Grundstücken für das Reich (RGB. 1875 S. 17) und RG. v. 23. Mai 1877, betr. die Erwerbung von zwei in Berlin gelegenen Grundstücken für das Reich (RGB. 1877 S. 500) nebst RG. v. 8. März 1878, betr. das dem Reiche gehörige, in der Voßstraße in Berlin gelegene Grundstück (RGB. 1878 S. 6), RG. v. 15. Mai 1879, betr. die Erwerbung der Königl. Preuß. Staatsdruckerei für das Reich (RGB. 1879 S. 139), RG. v. 20. Juli 1884, betr. die Beschaffung eines Dienstgebäudes für das Generalkonsulat in Schanghai (RGB. 1884 S. 171).

Artikel 71.

Die gemeinschaftlichen Ausgaben werden in der Regel für ein Jahr bewilligt, können jedoch in besonderen Fällen auch für eine längere Dauer bewilligt werden.

Während der im Artikel 60. normirten Uebergangszeit ist der nach Titeln geordnete Etat über die Ausgaben für das Heer dem Bundesrathe und dem Reichstage nur zur Kenntnißnahme und zur Erinnerung vorzulegen.

Vgl. Anm. zum Art. 60 der Reichsverfassung.

Artikel 72.

Ueber die Verwendung aller Einnahmen des Reichs ist durch den Reichskanzler dem Bundesrathe und dem Reichstage zur Entlastung jährlich Rechnung zu legen.

Ueber die Kontrole des Reichshaushalts durch den Rechnungshof des Deutschen Reichs vgl. die in der Anm. I. 3 zum Art. 18 der Reichsverfassung allg. Gesetze.

Artikel 73.

In Fällen eines außerordentlichen Bedürfnisses kann im Wege der Reichsgesetzgebung die Aufnahme einer Anleihe, sowie die Uebernahme einer Garantie zu Lasten des Reichs erfolgen.

1. Anleihe-Gesetze.

a. BG. v. 9. Nov. 1867, betr. den außerordentlichen Geldbedarf des Nordd. Bundes zum Zwecke der Erweiterung der Bundeskriegsmarine und der Herstellung der Küstenvertheidigung (BGB. 1867

S. 157), nebst den abändernden Gesetzen v. 20. Mai 1869 (BGB. 1869 S. 137) und v. 6. April 1870 (BGB. 1870 S. 65).

b. Anleihen aus Anlaß des Krieges mit Frankreich: BG. v. 21. Juli 1870, betr. den außerordentlichen Geldbedarf der Militair- und Marineverwaltung (BGB. 1870 S. 491), BG. v. 29. Nov. 1870, betr. den ferneren Geldbedarf für die Kriegführung (BGB. 1870 S. 619), RG. v. 26. April 1871, betr die Beschaffung weiterer Geldmittel zur Bestreitung der durch den Krieg veranlaßten außerordentlichen Ausgaben (BGB. 1871 S. 91) und RG. v. 28. Okt. 1871, betr. die Zurückzahlung der auf Grund des Gesetzes v. 21. Juli 1870 aufgenommenen fünfprocentigen Anleihe (RGB. 1871 S. 343). Vgl. dazu den Schluß-Absatz des Protok. v. 15. Nov. 1870, betr. die Vereinbarung zwischen dem Nordd. Bunde, Baden und Hessen über Gründung des Deutschen Bundes (BGB. 1870 S. 650) und Schluß-Protok. zu dem Vertr. v. 23. Nov. 1870, betr. den Beitritt Bayerns zur Verf. des Deutschen Bundes (BGB. 1871 S. 23 ff.) unter XIII.

c. Reichsanleihen für Zwecke der Marine, des Reichsheeres, der Post- und Telegraphenverwaltung, zur Durchführung der Münzreform, für Zwecke der Reichseisenbahnen rc. Vgl. die betr. Reichsgesetze im RGB. 1875 S. 18, 1876 S. 1, 1877 S. 1, 494, 500, 513, 531, 1878 S. 87, 105, 125, 1879 S. 121, 152, 1880 S. 95, 187, 1881 S. 68, 92, 273, 1882 S. 38, 68, 1883 S. 29, 148, 337, 1884 S. 21, 213, 1885 S. 74, 79, 87, 1886 S. 52, 287.

2. BG. v. 11. Juni 1868, betr. die antheilige Uebernahme einer Garantie des Nordd. Bundes für eine zur Herstellung der dauernden Fahrbarkeit des Sulinaarmes der Donaumündungen von der Europäischen Donauschifffahrtskommission aufzunehmenden Anleihe (BGB. 1869 S. 33).

3. BG. v. 31. Mai 1870, betr. die zur Herstellung der St. Gotthard-Eisenbahn von Seiten des Nordd. Bundes zu gewährende Subvention (BGB. 1870 S. 312), aufgehoben durch das (an dessen Stelle getretene) RG. v. 2. Nov. 1871, betr. die St. Gotthard-Eisenbahn (RGB. 1871 S. 375).

Vgl. Uebereinkunft v. 15. Okt. 1869, Uebereinkunft v. 28. Okt. 1871 und Uebereinkunft v. 12. März 1878 zwischen Deutschland,

Italien und der Schweiz wegen Herstellung und Subventionirung einer Eisenbahn über den St. Gotthard (RGB. 1871 S. 376 u. 378 u. 1879 S. 270).

Schlußbestimmung zum XII. Abschnitt.

Auf die Ausgaben für das Bayerische Heer finden die Artikel 69. und 71. nur nach Maßgabe der in der Schlußbestimmung zum XI. Abschnitt erwähnten Bestimmungen des Vertrages vom 23. November 1870.[1]) und der Artikel 72. nur insoweit Anwendung, als dem Bundesrathe und dem Reichstage die Ueberweisung der für das Bayerische Heer erforderlichen Summe an Bayern nachzuweisen ist.

XIII. Schlichtung von Streitigkeiten und Strafbestimmungen.

Artikel 74[2]).

Jedes Unternehmen gegen die Existenz, die Integrität, die Sicherheit oder die Verfassung des Deutschen Reichs, endlich die Beleidigung des Bundesrathes, des Reichstages, eines Mitgliedes des Bundesrathes oder des Reichstages, einer Behörde oder eines öffentlichen Beamten des Reichs, während dieselben in der Ausübung ihres Berufes begriffen sind oder in Beziehung auf ihren

---

[1]) Vgl. unten Anlage X.

[2]) Vgl. hierzu v. Rönne's Staatsrecht des D. Reiches, 2. Aufl. Bd. I. § 10 S. 81 ff.

Beruf, durch Wort, Schrift, Druck, Zeichen, bildliche oder andere Darstellung, werden in den einzelnen Bundesstaaten beurtheilt und bestraft nach Maßgabe der in den letzteren bestehenden oder künftig in Wirksamkeit tretenden Gesetze, nach welchen eine gleiche gegen den einzelnen Bundesstaat, seine Verfassung, seine Kammern oder Stände, seine Kammer- oder Ständemitglieder, seine Behörden und Beamten begangene Handlung zu richten wäre.

Vgl. § 4 des Einführ.G. v. 31. Mai 1870 eines Strafgesetzbuches für den Nordd. Bund (BGB. 1870 S. 195) und die §§ 81, 93, 105, 196, 197, 339 des Strafgesetzbuches für das Deutsche Reich.

Artikel 75.

Für diejenigen in Artikel 74. bezeichneten Unternehmungen gegen das Deutsche Reich, welche, wenn gegen einen der einzelnen Bundesstaaten gerichtet, als Hochverrath oder Landesverrath zu qualifiziren wären, ist das gemeinschaftliche Ober-Appellationsgericht der drei freien und Hansestädte in Lübeck die zuständige Spruchbehörde in erster und letzter Instanz.

Die näheren Bestimmungen über die Zuständigkei und das Verfahren des Ober-Appellationsgerichts erfolgen im Wege der Reichsgesetzgebung. Bis zum Erlasse eines Reichsgesetzes bewendet es bei der seitherigen Zuständigkeit der Gerichte in den einzelnen Bundesstaaten und den auf das Verfahren dieser Gerichte sich beziehenden Bestimmungen.

Vgl. § 136 des Gerichtsverfassungs-G. v. 27. Jan. 1877 (RGB. 1877 S. 66).

Artikel 76 [1]).

Streitigkeiten zwischen verschiedenen Bundesstaaten, sofern dieselben nicht privatrechtlicher Natur und daher von den kompetenten Gerichtsbehörden zu entscheiden sind, werden auf Anrufen des einen Theils von dem Bundesrathe erledigt.

Verfassungsstreitigkeiten in solchen Bundesstaaten, in deren Verfassung nicht eine Behörde zur Entscheidung solcher Streitigkeiten bestimmt ist, hat auf Anrufen eines Theiles der Bundesrath gütlich auszugleichen oder, wenn das nicht gelingt, im Wege der Reichsgesetzgebung zur Erledigung zu bringen.

Vgl. RG. v. 14. März 1881, betr. die Zuständigkeit des Reichsgerichts für Streitfragen zwischen dem Senat und der Bürgerschaft der freien und Hansestadt Hamburg (RGB. 1881 S. 37).

Artikel 77 [2]).

Wenn in einem Bundesstaate der Fall einer Justizverweigerung eintritt, und auf gesetzlichen Wegen ausreichende Hülfe nicht erlangt werden kann, so liegt dem Bundesrathe ob, erwiesene, nach der Verfassung und den bestehenden Gesetzen des betreffenden Bundesstaates

---

[1]) Vgl. hierzu v. Rönne's Staatsrecht des D. Reiches, 2. Aufl., Bd. I. § 23 S. 217 ff.

[2]) Vgl. hierzu v. Rönne's Staatsrecht des D. Reiches, 2. Aufl., Bd. I. § 19 S. 184 ff. u. § 23 S. 217.

zu beurtheilende Beschwerden über verweigerte oder gehemmte Rechtspflege anzunehmen, und darauf die gerichtliche Hülfe bei der Bundesregierung, die zu der Beschwerde Anlaß gegeben hat, zu bewirken.

XIV. Allgemeine Bestimmungen.

Artikel 78[1]).

Veränderungen der Verfassung erfolgen im Wege der Gesetzgebung. Sie gelten als abgelehnt, wenn sie im Bundesrathe 14 Stimmen gegen sich haben.

Diejenigen Vorschriften der Reichsverfassung, durch welche bestimmte Rechte einzelner Bundesstaaten in deren Verhältniß zur Gesammtheit festgestellt sind, können nur mit Zustimmung des berechtigten Bundesstaates abgeändert werden.

1. Vgl. Prot. v. 15. Nov. 1870, betr. die Vereinbarung zwischen dem Nordd. Bunde, Baden und Hessen über Gründung des Deutschen Bundes, unter 8[2]) (BGB. 1870 S. 650 ff.), und Verhandlung v. 25. Nov. 1870 über den Beitritt Württembergs zu der zwischen dem Nordd. Bunde, Baden und Hessen vereinbarten Verf. des Deutschen Bundes[3]) (BGB 1870 S. 657).

2. Die Vorschriften der Reichsverfassung, durch welche bestimmte Rechte einzelner Bundesstaaten in deren Verhältniß zur Gesammtheit aufgestellt sind, sind folgende:

---

[1]) Vgl. hierzu v. Rönne's Staatsrecht des D. Reiches, 2. Aufl., Bd. II. Abth. 1 § 65 S. 18 ff.

[2]) Vgl. unten Anlage V.

[3]) Vgl. unten Anlage VI.

a. bezüglich Bayerns: Art. 4 Nr. 1, 8 u. 10, Art. 35, Art. 38, Art. 46, Art. 52, Schlußbestimmung zum XI. u. XII. Abschn.;
b. bezüglich Württembergs Art. 4 Nr. 10, Art. 8, Art. 35, Art. 38, Art. 52, Schlußbestimmung zum XI. Abschn.;
c. bezüglich Badens: Art. 35, Art. 38;
d. bezüglich Sachsens: Art. 8;
e. bezüglich Hamburgs und Bremens: Art. 34.

Anlagen.

Anlage I.

Art. 80 der zwischen dem Nordd. Bunde und den Großherzogthümern Baden und Hessen vereinbarten Verfassung des Deutschen Bundes v. 15. Nov. 1870.

(BGB. 1870 S. 647.)

XV. Uebergangsbestimmung.

Artikel 80.

Die nachstehend genannten, im Norddeutschen Bunde ergangenen Gesetze werden zu Gesetzen des Deutschen Bundes erklärt und als solche von den nachstehend genannten Zeitpunkten an in das gesammte Bundesgebiet mit der Wirkung eingeführt, daß, wo in diesen Gesetzen von dem Norddeutschen Bunde, dessen Verfassung, Gebiet, Mitgliedern oder Staaten, Indigenat, verfassungsmäßigen Organen, Angehörigen, Beamten, Flagge u. s. w. die Rede ist, der Deutsche Bund und dessen entsprechende Beziehungen zu verstehen sind, nämlich:

I. vom Tage der Wirksamkeit der gegenwärtigen Verfassung an:

1) das G. über das Paßwesen, v. 12. Okt. 1867,

2) das G., betr. die Nationalität der Kauffahrteischiffe und ihre Befugniß zur Führung der Bundesflagge, v. 25. Okt. 1867,

3) das G. über die Freizügigkeit, v. 1. Nov. 1867,

4) das G., betr. die Organisation der Bundeskonsulate, sowie die Amtsrechte und Pflichten der Bundeskonsuln, v. 8. Nov. 1867,
5) das G., betr. die Verpflichtung zum Kriegsdienste, v. 9. Nov. 1867,
6) das G., betr. die vertragsmäßigen Zinsen, v. 14. Nov. 1867,
7) das G. über die Aufhebung der polizeilichen Beschränkungen der Eheschließung, v. 4. Mai 1868,
8) das G., betr. die Aufhebung der Schuldhaft, v. 29. Mai 1868,
9) das G., betr. die Bewilligung von lebenslänglichen Pensionen und Unterstützungen an Offiziere und obere Militairbeamte der vormaligen Schleswig-Holsteinschen Armee, sowie an deren Wittwen und Waisen, v. 14. Juni 1868,
10) das G., betr. die privatrechtliche Stellung der Erwerbs- und Wirthschafts-Genossenschaften, v. 4. Juli 1868,
11) die Maaß- und Gewichts-O. für den Nordd. Bund, v. 17. Aug. 1868,
12) das G., Maaßregeln gegen die Rinderpest betr., v. 7. April 1869,
13) das Wahl-G. für den Reichstag des Nordd. Bundes, v. 31. Mai 1869,
14) das G., betr. die Kautionen der Bundesbeamten, v. 2. Juni 1869,
15) das G., betr. die Einführung der Allgemeinen Wechselordnung, der Nürnberger Wechselnovellen und des Allgem. Deutschen Handelsgesetzbuchs als Bundesgesetze, v. 5. Juni 1869,
16) das G., betr. die Wechselstempelsteuer im Nordd. Bunde, v. 10. Juni 1869,
17) das G., betr. die Errichtung eines obersten Gerichtshofes für Handelssachen, v. 12. Juni 1869,
18) das G., betr. die Beschlagnahme des Arbeits- oder Dienstlohnes, v. 21. Juni 1869,
19) das G., betr. die Gewährung der Rechtshülfe, v. 21. Juni 1869,
20) das G., betr. die Gleichberechtigung der Konfessionen in bürgerlicher und staatsbürgerlicher Beziehung, v. 3. Juli 1869,

21) das G., betr. die Bewilligung von lebenslänglichen Pensionen und Unterstützungen an Militairpersonen der Unterklassen der vormaligen Schleswig-Holsteinischen Armee, sowie an deren Wittwen und Waisen, v. 3. März 1870,

22) das G. wegen Beseitigung der Doppelbesteuerung, v. 13. Mai 1870,

23) das G. über die Abgaben von der Flößerei, v. 1. Juni 1870,

24) das G. über die Erwerbung und den Verlust der Bundes- und Staatsangehörigkeit, v. 1. Juni 1870,

25) das G., betr. das Urheberrecht an Schriftwerken, Abbildungen, musikalischen Kompositionen und dramatischen Werken, v. 11. Juni 1870,

26) das G., betr. die Kommanditgesellschaften auf Aktien und die Aktiengesellschaften, v. 11. Juni 1870,

27) das G. über die Ausgabe von Papiergeld, v. 16. Juni 1870,

28) das G. über die Befugniß der Bundeskonsuln zu Eheschließungen u. s. w., v. 4. Mai 1870;

II. vom 1. Jan. 1872 an, jedoch unbeschadet der früheren Geltung im Gebiete des Nordd. Bundes:

1) das G. über die Ausgabe von Banknoten, v. 27. März 1870 und

mit Ausschluß von Hessen südlich des Main,

2) das Einführungs-G. zum Strafgesetzbuch für den Nordd. Bund, v. 31. Mai 1870,

3) das Strafgesetzbuch für den Nordd. Bund, v. 31. Mai 1870 und

4) die G. über das Postwesen des Nordd. Bundes v. 2. Nov. 1867, über das Posttaxwesen im Gebiete des Nordd. Bundes v. 4. Nov. 1867, betr. die Einführung von Telegraphen-Freimarken v. 16. Mai 1869 und betr. die Portofreiheiten im Gebiete des Nordd. Bundes v. 5. Juni 1869.

In Hessen, südlich des Main, werden als Bundesgesetze eingeführt, und zwar:

vom Tage der Wirksamkeit dieser Verfassung an:

das G., betr. die Schließung und Beschränkung der öffentlichen Spielbanken, v. 1. Juli 1868, das G., betr. die Einführung von Telegraphen-Freimarken, v. 16. Mai 1869,

die Gewerbe-O. für den Nordd. Bund, v. 21. Juni 1869,

das Einführungsgesetz zum Stafgesetzbuch für den Nordd. Bund, v. 31. Mai 1870 und

das Strafgesetzbuch für den Nordd. Bund, v. 31. Mai 1870;

vom 1. Juli 1871 an:

das G. über den Unterstützungswohnsitz, v. 6. Juni 1870.

In die Hohenzollernschen Lande wird vom Tage der Wirksamkeit dieser Verfassung an eingeführt das G., betr. die Wechselstempelsteuer im Nordd. Bunde, v. 10. Juni 1869.

Die Erklärung der übrigen im Nordd. Bunde ergangenen Gesetze zu Bundesgesetzen bleibt, soweit diese Gesetze sich auf Angelegenheiten beziehen, welche verfassungsmäßig der Gesetzgebung des Deutschen Bundes unterliegen, der Bundesgesetzgebung vorbehalten.

Anlage II.

Vertrag mit Bayern, v. 23. Nov. 1870 unter III. § 8.

(BGB. 1871 S. 21.)

Die unter Ziffer II. §. 26 dieses Vertrages aufgeführte Uebergangsbestimmung des nunmehrigen Artikels 79. der Verfassung[1]) findet auf Bayern in Anbetracht der vorgerückten Zeit und der Nothwendigkeit mannigfaltiger Umgestaltung anderer mit dem Gegenstande der Bundesgesetzgebung in Zusammenhang stehender Gesetze und Einrichtungen Anwendung nur in Betreff des Wahlgesetzes für den Reichstag des Norddeutschen Bundes, vom 31. Mai 1869 (Art. 79 Nr. 13).

Im Uebrigen bleibt die Erklärung der im Norddeutschen Bunde ergangenen Gesetze zu Bundesgesetzen für das Königreich Bayern, soweit diese Gesetze auf Angelegenheiten sich beziehen, welche ver-

[1]) Dies ist der oben in der Anlage I. mitgetheilte (frühere) Art. 80 der mit Baden und Hessen vereinbarten Verfassung des Deutschen Bundes v. 15. Nov. 1870.

fassungsmäßig der Gesetzgebung des Deutschen Bundes unterliegen, der Bundesgesetzgebung vorbehalten.

Anlage III.

Vertrag mit Württemberg, v. 25. Nov. 1870 Art. 2 Nr. 6

(BGB. 1870 S. 656.)

Artikel 2.

6) Zum Artikel 80 der Verfassung.

Die Einführung der nachstehend genannten Gesetze des Norddeutschen Bundes als Bundesgesetze erfolgt für Württemberg, statt von den im Artikel 80 festgesetzten, von den nachstehend genannten Zeitpunkten an, nämlich:

I. vom 1. Juli 1871 an:

1) des G., betr. die vertragsmäßigen Zinsen, v. 14. Nov. 1867,

2) des G., betr. die Errichtung eines obersten Gerichtshofes für Handelssachen, v. 12. Juni 1869;

II. vom 1. Jan. 1872 an:

1) des G., betr. die Beschlagnahme des Arbeits- oder Dienstlohns, v. 21. Juni 1869,

2) des G. über die Ausgabe von Papiergeld, v. 16. Juni 1870.

Die Einführung des Gesetzes, Maaßregeln gegen die Rinderpest betreffend, vom 7. April 1869 als Bundesgesetz bleibt für Württemberg der Bundesgesetzgebung vorbehalten[1]). Dasselbe gilt mit der, aus der vorstehenden Bestimmung unter Nr. 4 sich ergebenden Beschränkung von den im Artikel 80 unter II. Nr. 4 genannten, auf das Post- und Telegraphenwesen bezüglichen Gesetzen.

Das Gesetz, betreffend die Schließung und Beschränkung der öffentlichen Spielbanken, vom 1. Juli 1868 wird in Württemberg, vom Tage der Wirksamkeit der Bundesverfassung an, als Bundesgesetz eingeführt.

---

[1]) Vgl. Anm. zum Art. 4 Nr. 15 der Reichsverfassung.

Anlage IV.

G. v. 22. April 1871, betr. die Einführung Nordd. Bundesgesetze in Bayern.

(BGB. 1871 S. 87.)

Wir **Wilhelm**, von Gottes Gnaden Deutscher Kaiser, König von Preußen rc. verordnen im Namen des Deutschen Reichs, nach erfolgter Zustimmung des Bundesrathes und des Reichstages, was folgt:

§ 1. Die in den nachfolgenden Paragraphen aufgeführten Gesetze des Norddeutschen Bundes werden nach Maßgabe der in diesen Paragraphen enthaltenen näheren Bestimmungen als Reichsgesetze im Königreiche Bayern eingeführt.

§ 2. I. Vom Tage der Wirksamkeit des gegenwärtigen Gesetzes an treten in Kraft:

1) das G. über das Paßwesen, v. 12. Okt. 1867,
2) das G., betr. die Nationalität der Kauffahrteischiffe und ihre Befugniß zur Führung der Bundesflagge, v. 25. Okt. 1867,
3) das G. über die Freizügigkeit, v. 1. Nov. 1867,
4) das G., betr. die Aufhebung der Schuldhaft, v. 29. Mai 1868,
5) das G., betr. die Bewilligung von lebenslänglichen Pensionen und Unterstützungen an Offiziere und obere Militairbeamte der vormaligen Schleswig-Holsteinischen Armee, sowie an deren Wittwen und Waisen, v. 14. Juni 1868,
6) das G., betr. die Schließung und Beschränkung der öffentlichen Spielbanken, v. 1. Juli 1868,
7) das G., betr. die Kautionen der Bundesbeamten, v. 2. Juni 1869,
8) das G., betr. die Einführung der Allgemeinen Deutschen Wechselordnung, der Nürnberger Wechselnovellen und des Allgemeinen Deutschen Handelsgesetzbuches als Bundesgesetze, v. 5. Juni 1869,
9) das G., betr. die Beschlagnahme des Arbeits- oder Dienstlohnes, v. 21. Juni 1869,
10) das G., betr. die Gleichberechtigung der Konfessionen in bürgerlicher und staatsbürgerlicher Beziehung, v. 3. Juli 1869,

11) das G., betr. die Bewilligung von lebenslänglichen Pensionen und Unterstützungen an Militairpersonen der Unterklassen der vormaligen Schleswig-Holsteinischen Armee, sowie an deren Wittwen und Waisen, v. 3. März 1870,

12) das G., betr. die Eheschließung und die Beurkundung des Personenstandes von Bundesangehörigen im Auslande, v. 4. Mai 1870;

ferner:

II. am 1. Juli 1871:

das G. wegen Beseitigung der Doppelbesteuerung, v. 13. Mai 1870;

III. am 1. Januar 1872:

1) das G. über die Ausgabe von Banknoten, v. 27. März 1870,

2) das G. über die Ausgabe von Papiergeld, v. 16. Juni 1870.

§ 3. Das Gesetz vom 8. November 1867., betreffend die Organisation der Bundeskonsulate, sowie die Amtsrechte und Pflichten der Bundeskonsuln, tritt mit dem Tage der Wirksamkeit des gegenwärtigen Gesetzes in Kraft. Der § 24. erhält jedoch folgenden Zusatz:

Die durch den ersten Absatz begründete Zuständigkeit des Preußischen Obertribunals geht v. 1. Juli 1871. an auf das Bundes-Oberhandelsgericht über. Wird in dem an dasselbe gelangenden Sachen eine Mitwirkung der Staatsanwaltschaft erforderlich, so ist zu deren Vertretung von dem Präsidenten des Bundes-Oberhandelsgerichts ein Mitglied des letzteren, ein in Leipzig angestellter Staatsanwalt oder ein dort wohnender Advokat zu ernennen.

§ 4. Das Gesetz, betreffend die Wechselstempelsteuer, vom 10. Juni 1869. tritt am 1. Juli 1871. in Kraft.

Der Königlich Bayerischen Staatsregierung bleibt überlassen, diejenigen anderen Behörden zu bezeichnen, welche bei Anwendung der im § 18. dieses Gesetzes erwähnten Vorschriften an die Stelle der Zollbehörden zu treten haben.

§ 5. Die Wirksamkeit des Gesetzes, betreffend die Errichtung eines obersten Gerichtshofes für Handelssachen, v. 12. Juni 1869., beginnt am 1. Juli 1871.

In den nach dem Bayerischen Prozeßrechte zu verhandelnden

Sachen treten an Stelle des letzten Satzes des § 18. dieses Gesetzes folgende Bestimmungen:

Handelt es sich um eine zur Zuständigkeit des Bundes-Oberhandelsgerichts gehörige Nichtigkeitsbeschwerde, so hat der oberste Landesgerichtshof, sobald die vorgeschriebene Hinterlegung der Akten erfolgt ist oder eine Frist hierfür nicht mehr läuft, nach Vernehmung des Staatsanwalts mittelst eines in geheimer Sitzung zu fassenden Beschlusses die Abgabe der Akten an das Bundes-Oberhandelsgericht zu verfügen.

Den abzugebenden Akten ist in allen Fällen ein schriftliches Requisitorium des Staatsanwalts beizulegen.

§ 6. Das Gesetz v. 21. Juni 1869. die Gewährung der Rechtshülfe betreffend, wird v. 1. Juli 1871. an mit nachstehendem Zusatz zu § 39. eingeführt:

Für die Anwendung derjenigen Vorschriften der Bayerischen Civilprozeßordnung, welche den Gerichtsstand oder die Personalhaft betreffen oder überhaupt auf der Annahme beruhen, daß die Rechtsverfolgung im Auslande die Geltendmachung eines Anspruches erschwere, ist gleichfalls das gesammte Gebiet des Deutschen Reichs als Inland zu betrachten.

§ 7. Das Strafgesetzbuch vom 31. Mai 1870. und das Einführungsgesetz zu demselben treten am 1. Januar 1872. in Geltung

An Stelle der Vorschriften des § 4. des gedachten Einführungsgesetzes hat es für Bayern bis auf Weiteres bei den einschlägigen Bestimmungen des Militairstrafrechts, sowie bei den sonstigen gesetzlichen Vorschriften über das Standrecht sein Bewenden.

§ 8. Das G. über die Abgaben von der Flößerei, vom 1. Juni 1870. wird mit dem Tage der Wirksamkeit des gegenwärtigen Gesetzes eingeführt.

Die nach § 2. desselben zu leistende Entschädigung besteht in dem achtzehnfachen Betrage des durchschnittlichen Reinertrages der Abgabe aus den letzten drei Kalenderjahren vor dem Aufhören der Erhebung.

Der Antrag auf Entschädigung ist bei Vermeidung der Präklusion innerhalb sechs Monaten nach dem Tage, mit welchem die

Erhebung der Abgabe aufgehört hat, an das Reichskanzleramt zu richten.

§ 9. Das Gesetz über die Erwerbung und den Verlust der Bundes- und Staatsangehörigkeit vom 1. Juni 1870. tritt mit dem Tage der Wirksamkeit des gegenwärtigen Gesetzes in Kraft, jedoch mit Ausnahme der Bestimmungen in § 1. Absatz 2., § 8. Absatz 3. und § 16.

§ 10. Das Gesetz v. 11. Juni 1870., betreffend die Kommanditgesellschaften auf Aktien und die Aktiengesellschaften, erlangt vom Tage der Wirksamkeit des gegenwärtigen Gesetzes an mit nachstehenden Vorschriften Geltung:

Die bis zu dem bezeichneten Tage vollzogenen Eintragungen in dem von den Bayerischen Bezirksgerichten geführten besonderen Register für Aktiengesellschaften, bei welchen der Gegenstand des Unternehmens nicht in Handelsgeschäften besteht, gelten als Eintragungen im Handelsregister, und bleiben in Wirksamkeit, auch wenn die Voraussetzungen nicht vorhanden sind, welche nach dem Gesetze vom 11. Juni 1870. für die Errichtung der Gesellschaft erforderlich sein würden.

§ 11. Das Gesetz, betreffend das Urheberecht an Schriftwerken, Abbildungen, musikalischen Kompositionen und dramatischen Werken, vom 11. Juni 1870., tritt am 1. Januar 1872. in Wirksamkeit, unbeschadet der fortdauernden Geltung des Artikels 68. des Bayerischen Gesetzes über den Schutz der Urheberrechte an literarischen Erzeugnissen und Werken der Kunst vom 28. Juni 1865.

§ 12. Die in den §§ 3., 8. und 9. getroffenen Abänderungen der dort bezeichneten Gesetze finden im ganzen Reiche Anwendung, die Bestimmung im letzten Absatze des § 8. auch in denjenigen Fällen, in welchen vor Erlaß dieses Gesetzes unzulässige Abgaben von der Flößerei durch Kaiserliche Verordnung außer Hebung gesetzt worden sind.

Urkundlich unter Unserer Höchsteigenhändigen Unterschrift und beigedrucktem Kaiserlichen Insiegel.

Gegeben Berlin, den 22. April 1871.

(L. S.) **Wilhelm.**

Fürst v. **Bismarck.**

Anlage V.

Protokoll, betr. die Vereinbarung zwischen dem Nordd. Bunde, Baden und Hessen über Gründung des Deutschen Bundes und Annahme der Bundesverfassung, v. 15. Nov. 1870.

(BGB. 1870 S. 650.)

Verhandelt Versailles, den 15. November 1870.

Nachdem Seine Majestät der König von Preußen, im Namen des Norddeutschen Bundes, Seine Königliche Hoheit der Großherzog von Baden und Seine Königliche Hoheit der Großherzog von Hessen und bei Rhein übereingekommen sind, über die Gründung eines Deutschen Bundes in Verhandlung zu treten und zu diesem Zwecke bevollmächtigt haben und zwar: [hier folgen Namen und Titel der Bevollmächtigten], sind diese Bevollmächtigten in Versailles zusammengetreten und haben sich, nach gegenseitiger Vorlegung und Anerkennung ihrer Vollmachten, über die anliegende Verfassung des Deutschen Bundes verständigt.

Sie sind ferner darüber einverstanden, daß diese Verfassung, vorbehaltlich der weiter unten zu erwähnenden Maaßgaben, mit dem 1. Januar 1871. in Wirksamkeit treten soll, und ertheilen sich deshalb gegenseitig die Zusage, daß sie unverzüglich den gesetzgebenden Faktoren des Norddeutschen Bundes, beziehungsweise Badens und Hessens zur verfassungsmäßigen Zustimmung vorgelegt und, nach Ertheilung dieser Zustimmung, im Laufe des Monats Dezember ratificirt werden soll. Der Austausch der Ratifikations-Erklärungen soll in Berlin erfolgen.

In Betracht der großen Schwierigkeiten, welche theils die vorgerückte Zeit, theils die Fortdauer des Krieges, theils endlich die in einigen betheiligten Staaten bereits erfolgte Regulirung des Landesbudgets der Aufstellung eines Etats für die Militairverwaltung des Deutschen Bundes für das Jahr 1871. entgegenstellen, ist man übereingekommen, daß die Gemeinschaft der Ausgaben für das Landheer erst mit dem 1. Januar 1872. beginnen soll. Bis zu diesem Tage wird daher der Ertrag der im Artikel 35. bezeichneten gemeinschaftlichen Abgaben nicht zur Bundeskasse fließen, sondern den Staatskassen Badens und Hessens, letzterer rücksichtlich des auf Südhessen fallenden Antheils, verbleiben und es wird der Beitrag dieser Staaten zu den Bundesausgaben durch Matrikularbeiträge aufgebracht werden, wegen deren Feststellung dem im nächsten Jahre zu berufenden Reichstage eine Vorlage gemacht werden wird.

Auch die Bestimmungen in den Artikel 49—52. der Bundesverfassung sollen für Baden erst mit dem 1. Januar 1872. in Wirksamkeit treten, damit die für die Ueberleitung der Landesverwaltung der Posten und Telegraphen in die Bundesverwaltung erforderliche Zeit gewonnen werde.

Im Uebrigen wurden noch nachstehende, im Laufe der Verhandlungen abgegebene Erklärungen in gegenwärtiges Protokoll niedergelegt:

Man war darüber einverstanden,

1) zu Artikel 18. der Verfassung, daß zu den, einem Beamten zustehenden Rechten im Sinne des zweiten Absatzes dieses Artikels diejenigen Rechte nicht gehören, welche seinen Hinterbliebenen in Beziehung auf Pensionen oder Unterstützungen etwa zustehen;

2) zu den Artikeln 35. und 38. der Verfassung, daß die nach Maaßgabe der Zollvereinsverträge auch ferner zu erhebenden Uebergangsabgaben von Branntwein und Bier ebenso anzusehen sind, wie die auf die Bereitung dieser Getränke gelegten Abgaben;

3) zu Artikel 38. der Verfassung, daß, so lange die jetzige Besteuerung des Bieres in Hessen fortbesteht, nur der dem Betrage der Norddeutschen Braumalzsteuer entsprechende Theil der Hessischen Biersteuer in die Bundeskasse fließen wird;

4) zum VIII. Abschnitt der Verfassung, daß die Verträge, durch welche das Verhältniß des Post- und Telegraphenwesens in Hessen zum Norddeutschen Bunde jetzt geregelt ist, durch die Bundesverfassung nicht aufgehoben sind. Insbesondere behält es hinsichtlich der Zahlung des Kanons und der Chausseegeld-Entschädigung, sowie der Entschädigung für Wege- und Brückengelder und sonstige Kommunikationsabgaben, ferner hinsichtlich

der Vergütung für Benutzung der Staats- und Privatbahnen, und hinsichtlich der Behandlung des Portofreiheitswesens in Südhessen, bis zum Ende des Jahres 1875. sein Bewenden bei dem jetzt bestehenden Zustande. Für die Zeit vom 1. Januar 1876. ab fällt die Zahlung des Kanons und der Chausseegeld-Entschädigung weg. Wie es in Bezug auf die Vergütung für die postalische Benutzung der Eisenbahnen, sowie in Bezug auf die Südhessischen Portofreiheiten für die Zeit nach dem 1. Januar 1876. zu halten sei, bleibt späterer Verständigung vorbehalten. Die Entschädigung für Wege- und Brückengelder und sonstige Kommunikationsabgaben wird auch nach dem 1. Januar 1876. an die Großherzoglich Hessische Regierung gezahlt, wogegen diese die Entschädigung der Berechtigten auch für die Zukunft wie bisher übernimmt;

5) zu Art. 52. der Verfassung wurde von den Badischen Bevollmächtigten bemerkt, daß die finanziellen Ergebnisse der Post- und Telegraphenverwaltung des Bundes, wie sie sich bisher gestaltet hätten und in dem Bundeshaushalts-Etat für 1871. veranschlagt seien, ungeachtet der in Artikel 52. getroffenen Bestimmung, keine Gewähr dafür leisteten, daß der auf Baden fallende Antheil an den Einnahmen dieser Verwaltungen auch nur annähernd diejenige Einnahme ergeben werde, welche es gegenwärtig aus seiner eigenen Verwaltung zum Betrage von durchschnittlich 130,000 Rthlrn. beziehe. Sie hielten es deshalb für billig, daß Baden durch eine besondere Verabredung vor einem, seinen Haushalt empfindlich berührenden Einnahme-Ausfall gesichert werde.

Wenngleich von anderen Seiten die Besorgniß der Badischen Bevollmächtigten als begründet nicht anerkannt werden konnte, so einigte man sich doch dahin, daß, wenn im Laufe der Uebergangsperiode der nach dem Prozentverhältniß sich ergebende Antheil Badens an den im Bunde aufkommenden Postüberschüssen in einem Jahre die Summe von 100,000 Rthlrn. nicht erreichen sollte, der an dieser Summe fehlende Betrag Baden auf seine Matrikularbeiträge zu Gute gerechnet werden soll.

Eine solche Anrechnung wird jedoch nicht stattfinden in einem Jahre, in welches kriegerische Ereignisse fallen, an denen der Bund betheiligt ist;

6) zu Artikel 56. der Verfassung bemerkten die Bevollmächtigten des Norddeutschen Bundes auf Anfrage der Großherzoglich Badischen Bevollmächtigten, daß das Bundespräsidium schon bisher, nach Vernehmung des zuständigen Ausschusses des Bundesrathes, Bundeskonsulate errichtet habe, wenn eine solche Einrichtung an einem bestimmten Platze durch das Interesse auch nur Eines Bundesstaates geboten worden sei. Sie verbanden damit die Zusage, daß in diesem Sinne auch in Zukunft werde verfahren werden;

7) zu Artikel 62. der Verfassung wurde verabredet, daß die Zahlung der nach diesem Artikel von Baden aufzubringenden Beiträge mit dem ersten Tage des Monats beginnen soll, welcher auf die Anordnung zur Rückkehr der Badischen Truppen von dem Kriegszustande auf den Friedensfuß folgt;

8) zu Artikel 78. der Verfassung wurde allseitig als selbstverständlich angesehen, daß diejenigen Vorschriften der Verfassung, durch welche bestimmte Rechte einzelner Bundesstaaten in deren Verhältniß zur Gesammtheit festgestellt sind, nur mit Zustimmung des berechtigten Bundesstaates abgeändert werden können;

9) zu Artikel 80. der Verfassung war man in Beziehung auf das Gesetz, betreffend die Errichtung eines obersten Gerichtshofes für Handelssachen, vom 12. Juni v. J. darüber einig, daß eine entsprechende Vermehrung der Mitglieder dieses Gerichtshofes durch einen Nachtrag zu dessen Etat für 1871. in Vorschlag zu bringen sein werde.

Es wurde ferner allseitig anerkannt, daß zu den im Norddeutschen Bunde ergangenen Gesetzen, deren Erklärung zu Gesetzen des Deutschen Bundes der Bundesgesetzgebung vorbehalten bleibt, das Gesetz vom 21. Juli d. J., betreffend den außerordentlichen Geldbedarf der Militair- und Marineverwaltung, nicht gehört, und daß das Gesetz vom 31. Mai d. J., betreffend die St. Gotthard-Eisenbahn[1]), jedenfalls nicht ohne Veränderung seines Inhalts zum Bundesgesetze würde erklärt werden können.

Gegenwärtiges Protokoll ist vorgelesen, genehmigt und von den im Eingange genannten Bevollmächtigten in Einem, in das Archiv des Bundeskanzlers-Amts zu Berlin niederzulegenden Exemplare vollzogen worden.

v. Bismarck.	Jolly.	v. Dalwigk.
(L. S.)	(L. S.)	(L. S.)
v. Friesen.	v. Freydorf.	Hofmann.
(L. S.)	(L. S.)	(L. S.)
Delbrück.		
(L. S.)		

Anlage VI.

Verhandlung dd. Berlin d. 25. Nov. 1870 über den Beitritt Württembergs zu der zwischen dem Nordd. Bunde, Baden und Hessen vereinbarten Verf. des Deutschen Bundes.

(BGB. 1870 S. 657.)

Verhandelt Berlin, den 25. Nov. 1870.

Bei Unterzeichnung des am heutigen Tage über den Beitritt Württembergs zu der zwischen dem Norddeutschen Bunde, Baden und Hessen vereinbarten Verfassung des Deutschen Bundes abgeschlossenen Vertrages haben sich die unterzeichneten Bevollmächtigten über nachstehende Punkte verständigt:

1) die in dem Protokoll d. d. Versailles den 15. November d. J. zwischen den Bevollmächtigten des Norddeutschen Bundes, Badens und Hessens getroffenen Verabredungen, beziehungsweise von den Bevollmächtigten des Norddeutschen Bundes abgegebenen Erklärungen:

---

[1]) Dies G. ist demnächst durch das RG. v. 2. Mai 1871 (RGB. 1871 S. 375) außer Kraft gesetzt worden.

a) über den Beginn der Wirksamkeit der Verfassung,
b) über den Zeitpunkt für den Beginn der Gemeinschaft der Ausgaben für das Landheer,
c) zu Artikel 18. der Verfassung,
d) zu den Artikeln 35. und 38. der Verfassung,
e) zu Artikel 56. der Verfassung,
f) zu Artikel 62. der Verfassung,
g) zu Artikel 78. der Verfassung, und
h) zu Artikel 80. der Verfassung

finden auch auf Württemberg Anwendung.

2) Zu Artikel 45. der Verfassung wurde anerkannt, daß auf den Württembergischen Eisenbahnen bei ihren Bau-, Betriebs- und Verkehrsverhältnissen nicht alle in diesem Artikel aufgeführten Transportgegenstände in allen Gattungen von Verkehren zum Einpfennig-Satz befördert werden können.

3) Zum Artikel 2. Nr. 4. des Vertrages vom heutigen Tage war man darüber einverstanden, daß die Ausdehnung der im Norddeutschen Bunde über die Vorrechte der Post geltenden Bestimmungen auf den internen Verkehr Württembergs insoweit von der Zustimmung Württembergs abhängen soll, als diese Bestimmungen der Post Vorrechte beilegen, welche derselben nach der gegenwärtigen Gesetzgebung in Württemberg nicht zustehen.

Vorgelesen, genehmigt und unterschrieben.

v. Friesen. v. Freydorf. Hofmann. Mittnacht.
Delbrück. Türckheim. v. Suckow.

Anlage VII.

Schlußprotokoll zu dem Vertrage v. 23. Nov. 1870, betr. den Beitritt Bayerns zur Verfassung des Deutschen Bundes.

(BGB. 1871 S. 23.)

Bei der Unterzeichnung des Vertrages über den Abschluß eines Verfassungsbündnisses zwischen Seiner Majestät dem Könige von Preußen

Namens des Norddeutschen Bundes und Seiner Majestät dem Könige von Bayern sind die unterzeichneten Bevollmächtigten noch über nachstehende vertragsmäßige Zusagen und Erklärungen übereingekommen:

I. Es wurde auf Anregung der Königlich Bayerischen Bevollmächtigten von Seite des Königlich Preußischen Bevollmächtigten anerkannt, daß, nachdem sich das Gesetzgebungsrecht des Bundes bezüglich der Heimaths- und Niederlassungsverhältnisse auf das Königreich Bayern nicht erstreckt, die Bundes-Legislative auch nicht zuständig sei, das Verehelichungswesen mit verbindlicher Kraft für Bayern zu regeln, und daß also das für den Norddeutschen Bund erlassene Gesetz vom 4. Mai 1868., die Aufhebung der polizeilichen Beschränkungen der Eheschließungen betreffend, jedenfalls nicht zu denjenigen Gesetzen gehört, deren Wirksamkeit auf Bayern ausgedehnt werden könnte.

II. Von Seite des Königlich Preußischen Bevollmächtigten wurde anerkannt, daß unter der Gesetzgebungsbefugniß des Bundes über Staatsbürgerrecht nur das Recht verstanden werden solle, die Bundes- und Staatsangehörigkeit zu regeln und den Grundsatz der politischen Gleichberechtigung aller Konfessionen durchzuführen, daß sich im Uebrigen diese Legislative nicht auf die Frage erstrecken solle, unter welchen Voraussetzungen Jemand zur Ausübung politischer Rechte in einem einzelnen Staate befugt sei.

III. Die unterzeichneten Bevollmächtigten kamen dahin überein, daß in Anbetracht der unter Ziffer I. statuirten Ausnahme von der Bundes-Legislative der Gothaer Vertrag vom 15. Juli 1851. wegen gegenseitiger Uebernahme der Ausgewiesenen und Heimathslosen [1]), dann die sogenannte Eisenacher Konvention vom 11. Juli 1853. wegen Verpflegung erkrankter und Beerdigung verstorbener Unterthanen [2]) für das Verhältniß Bayerns zu dem übrigen Bundesgebiete fortdauernde Geltung haben sollten.

IV. Als vertragsmäßige Bestimmung wurde in Anbetracht der in Bayern bestehenden besonderen Verhältnisse bezüglich des Immobiliar-Versicherungswesens und des engen Zusammenhanges der-

---

[1]) Vgl. in der Preuß. GS. 1851 S. 711.

[2]) Vgl. ebendaselbst S. 877, 881.

selben mit dem Hypothekar-Kreditwesen festgestellt, daß, wenn sich die Gesetzgebung des Bundes mit dem Immobiliar-Versicherungswesen befassen sollte, die vom Bunde zu erlassenden gesetzlichen Bestimmungen in Bayern nur mit Zustimmung der Bayerischen Regierung Geltung erlangen können.

V. Der Königlich Preußische Bevollmächtigte gab die Zusicherung, daß Bayern bei der ferneren Ausarbeitung des Entwurfes eines Allgemeinen Deutschen Civilprozeß-Gesetzbuches entsprechend betheiligt werde.

VI. Als unbestritten wurde von dem Königlich Preußischen Bevollmächtigten zugegeben, daß selbst bezüglich der der Bundes-Legislative zugewiesenen Gegenstände die in den einzelnen Staaten geltenden Gesetze und Verordnungen in so lange in Kraft bleiben und auf dem bisherigen Wege der Einzelngesetzgebung abgeändert werden können, bis eine bindende Norm vom Bunde ausgegangen ist.

VII. Der Königlich Preußische Bevollmächtigte gab die Erklärung ab, daß Seine Majestät der König von Preußen kraft der Allerhöchstihnen zustehenden Präsidialrechte, mit Zustimmung Seiner Majestät des Königs von Bayern, den Königlich Bayerischen Gesandten an den Höfen, an welchen solche beglaubigt sind, Vollmacht ertheilen werden, die Bundesgesandten in Verhinderungsfällen zu vertreten.

Indem diese Erklärung von den Königlich Bayerischen Bevollmächtigten acceptirt wurde, fügten diese bei, daß die Bayerischen Gesandten angewiesen sein würden, in allen Fällen, in welchen dies zur Geltendmachung allgemein Deutscher Interessen erforderlich oder von Nutzen sein wird, den Bundesgesandten ihre Beihülfe zu leisten.

VIII. Der Bund übernimmt in Anbetracht der Leistungen der Bayerischen Regierung für den diplomatischen Dienst desselben durch die unter Ziffer VII. erwähnte Bereitstellung ihrer Gesandtschaften und in Erwägung des Umstandes, daß an denjenigen Orten, an welchen Bayern eigene Gesandtschaften unterhalten wird, die Vertretung der Bayerischen Angelegenheiten den Bundesgesandten nicht obliegt, die Verpflichtung, bei Feststellung der Ausgaben für den diplomatischen Dienst des Bundes der Bayerischen Regierung eine angemessene Vergütung in Anrechnung zu bringen.

Ueber Festsetzung der Größe dieser Vergütung bleibt weitere Vereinbarung vorbehalten.

IX. Der Königlich Preußische Bevollmächtigte erkannte es als ein Recht der Bayerischen Regierung an, daß ihr Vertreter im Falle der Verhinderung Preußens den Vorsitz im Bundesrathe führe.

X. Zu den Artikeln 35. und 38. der Bundesverfassung war man darüber einverstanden, daß die nach Maßgabe der Zollvereinsverträge auch ferner zu erhebenden Uebergangsabgaben von Branntwein und Bier ebenso anzusehen sind, wie die auf die Bereitung dieser Getränke gelegten Abgaben.

XI. Es wurde allseitig anerkannt, daß bei dem Abschlusse von Post- und Telegraphen-Verträgen mit außerdeutschen Staaten zur Wahrung der besonderen Landesinteressen Vertreter der an die betreffenden außerdeutschen Staaten angrenzenden Bundesstaaten zugezogen werden sollen, und daß den einzelnen Bundesstaaten unbenommen ist, mit anderen Staaten Verträge über das Post- und Telegraphenwesen abzuschließen, sofern sie lediglich den Grenzverkehr betreffen.

XII. Zu Artikel 56. der Bundesverfassung wurde allseitig anerkannt, daß den einzelnen Bundesstaaten das Recht zustehe, auswärtige Konsuln bei sich zu empfangen und für ihr Gebiet mit dem Exequatur zu versehen.

Ferner wurde die Zusicherung gegeben, daß Bundeskonsuln an auswärtigen Orten auch dann aufgestellt werden sollen, wenn es nur das Interesse eines einzelnen Bundesstaates als wünschenswerth erscheinen läßt, daß dies geschehe.

XIII. Es wurde ferner allseitig anerkannt, daß zu den im Norddeutschen Bunde ergangenen Gesetzen, deren Erklärung zu Gesetzen des Deutschen Bundes der Bundesgesetzgebung vorbehalten bleibt, das G. vom 21. Juli d. J., betreffend den außerordentlichen Geldbedarf der Militair- und Marineverwaltung, nicht gehört, und daß das Gesetz vom 31 Mai d. J., betreffend die St. Gotthardt-

Eisenbahn [1]), jedenfalls nicht ohne Veränderung seines Inhalts zum Bundesgesetze würde erklärt werden können.

XIV In Erwägung der in Ziffer III. § 5. enthaltenen Bestimmungen über das Kriegswesen wurde — mit besonderer Beziehung auf die Festungen — noch Nachfolgendes vereinbart.

§ 1. Bayern erhält die Festungen Ingolstadt und Germersheim, sowie die Fortifikation von Neu-Ulm und die im Bayerischen Gebiete auf gemeinsame Kosten etwa künftig angelegt werdenden Befestigungen in vollkommen vertheidigungsfähigem Stande.

§ 2. Solche neu angelegte Befestigungen treten bezüglich ihres immobilen Materials in das ausschließliche Eigenthum Bayerns. Ihr mobiles Material hingegen wird gemeinsames Eigenthum der Staaten des Bundes. In Betreff dieses Materials gilt bis auf Weiteres die Uebereinkunft vom 6. Juli 1869., welche auch hinsichtlich des mobilen Festungsmaterials der vormaligen Deutschen Bundesfestungen Mainz, Rastatt und Ulm in Kraft bleibt.

§ 3. Die Festung Landau wird unmittelbar nach dem gegenwärtigen Kriege als solche aufgehoben.

Die Ausrüstung dieses Platzes, soweit sie gemeinsames Eigenthum, wird nach den der Uebereinkunft vom 6. Juli 1869. zu Grunde liegenden Prinzipien behandelt.

§ 4. Diejenigen Gegenstände des Bayerischen Kriegswesens, Betreffs welcher der Bundesvertrag vom Heutigen oder das vorliegende Protokoll nicht ausdrückliche Bestimmungen enthalten — sohin insbesondere die Bezeichnung der Regimenter 2c., die Uniformirung, Garnisonirung, das Personal- und Militair-Bildungswesen u. s. w. — werden durch dieselbe nicht berührt.

Die Betheiligung Bayerischer Offiziere an den für höhere militairwissenschaftliche oder technische Ausbildung bestehenden Anstalten des Bundes wird spezieller Vereinbarung vorbehalten.

XV Wenn sich in Folge des mangelhaft dahier vorliegenden Materials ergeben sollte, daß bei Aufführung des nunmehrigen Wortlautes der Bundesverfassung unter Ziffer II. §§. 1. bis 26. ein

[1]) Dies G. ist demnächst durch das RG. v. 2. Nov. 1871 (RGB. 1871 S. 375) außer Kraft gesetzt worden.

Irrthum unterlaufen ist, behalten sich die kontrahirenden Theile dessen Berichtigung vor.

XVI. Die Bestimmungen dieses Schlußprotokolls sollen ebenso verbindlich sein, wie der Vertrag vom Heutigen über den Abschluß eines Deutschen Verfassungsbündnisses selbst, und sollen mit diesem gleichzeitig ratificirt werden.

So geschehen Versailles, den 23. November 1870.

v. Bismarck. (L. S.)

Bray-Steinburg. (L. S.)

Frhr. v. Prankh. (L. S.)

v. Lutz. (L. S.)

Anlage VIII.

Vertrag v. 23. Nov. 1870, betr. den Beitritt Bayerns zur Verfassung des Deutschen Bundes, unter IV.

(BGB. 1871 S. 21.)

Da in Anbetracht der großen Schwierigkeiten, welche theils die vorgerückte Zeit, theils die Fortdauer des Krieges der Aufstellung eines Etats für die Militairverwaltung des Deutschen Bundes für das Jahr 1871. und beziehungsweise der Feststellung der von Bayern auf sein Heer zu verwendenden Gesammtsumme für dieses Jahr entgegenstellen, die Bestimmungen unter III. §. 5. dieses Vertrages erst mit dem 1. Januar 1872. in Wirksamkeit treten, wird der Ertrag der im Artikel 35. bezeichneten gemeinschaftlichen Abgaben für das Jahr 1871. nicht zur Bundeskasse fließen, sondern der Staatskasse Bayerns verbleiben, dagegen aber der Beitrag Bayerns zu den Bundesausgaben durch Matrikularbeiträge aufgebracht werden.

Anlage IX.

Uebersicht der auf Grund des Art. 4 Nr. 13 der Bundes-, beziehungsweise Reichsverfassung ergangenen Bundes- und Reichsgesetze.

I. Bürgerliches Recht[1]).

1. a. BG. v. 5. Juni 1869, betr. die Einführung der allg. D. Wechsel-Ordn., der Nürnberger Wechselnovellen und des allg. D. Handels-Gesetzbuches als Bundesgesetze (BGB. 1869 S. 379). Auch gültig für Baden und Südhessen, zuf. Art. 80 unter I. 15 der mit Baden und Hessen vereinbarten Verf. (BGB. 1870 S. 647), für Württemberg, zuf. Art. 2 Nr. 6 des Vertr. v. 25. Nov. 1870 (BGB. 1870 S. 656), und für Bayern, zuf. § 2 unter I. 8 des RG v. 22. April 1871 (BGB. 1871 S. 88).

Auch in Elsaß-Lothringen haben die allg. D. Wechsel-Ordn. und das allgem D Handels-Gesetzbuch durch das G. v 19 Juni 1872, mit besonderen Einführungsbestimmungen, in der durch dieses Gesetz angeordneten Fassung, v. 1 Okt. 1872 an, Gesetzeskraft erlangt (GB. f. Elf.-Lothr. 1872 S. 213).

b. Abänderungen und Ergänzungen des allgem. D. Handels-Gesetzbuches.

α) BG. v. 11 Juni 1870, betr. die Kommanditgesellschaften auf Aktien und die Aktiengesellschaften (BGB. 1870 S 375). Auch gültig für Baden und Südhessen, zuf. Art. 80 unter I. 26 der mit Baden und Hessen vereinbarten Verf. (BGB. 1870 S. 646), für Württemberg, zuf. Art. 2 Nr. 6 des Vertr. v. 25. Nov. 1870 (BGB. 1870 S. 656), und für Bayern (mit einem Zusatze),

---

[1]) Vgl. v. Rönne's Staatsrecht des D. Reiches, 2. Aufl., Bd. II., Abth. 2 § 105 S. 89 ff.

zuf. § 10 des RG. v. 22. April 1871 (BGB. 1871 S. 90). Bezüglich Elsaß-Lothringens sind die Bestimmungen des G. v. 11 Juli 1870 in das (zu a. gedachte) G. v. 19. Juni 1872 und die durch dieses letztere angeordnete Fassung des Handels-Gesetzbuches aufgenommen worden.

β) RG. v. 16. Dez. 1875, betr. die Umwandlung von Aktien in Reichswährung (RGB. 1875 S. 317). [Abänderung des Art. 207 a. Abs. 3 des D. Handelsgesetzb.]

γ) RG. v. 18. Juli 1884, betr. die Kommanditgesellschaften auf Aktien und die Aktiengesellschaften (RGB. 1884 S. 123)

δ) Seemanns-Ordn. v. 27. Dez. 1872 (RGB. 1872 S. 409), welche im § 110 den Tit. 4 des fünften Buches des D. Handelsgesetzbuches außer Kraft gesetzt hat und an dessen Stelle getreten ist.

ε) Strandungs-Ordn. v. 17 Mai 1874 (RGB. 1874 S. 73), durch welche die Vorschriften des Tit. 9 des fünften Buches des Handelsgesetzbuches modifizirt worden sind.

2. RG. v. 8. Juni 1871, betr. die Inhaberpapiere mit Prämien (RGB. 1871 S. 210). Auch gültig für Elsaß-Lothringen, zuf. G. v. 27. Jan. 1872 (GB. f. Elf.-Lothr. 1872 S. 111).

Dazu:

a. Bekanntmachung des Reichskanzlers v. 19. Juni 1871, betr. die Vorschriften zur Ausführung des RG. v. 8. Juni 1871 über die Inhaberpapiere mit Prämien (RGB. 1871 S. 255), Bekanntmachung des Reichskanzlers v. 1. Juli 1871, betr. die Ergänzung der unterm 19. Juni 1871 erlassenen Vorschriften (RGB. 1871 S. 304), Bekanntmachung des Reichskanzlers v. 10. Juli 1871, betr. die zweite Ergänzung der unterm 19. Juni 1871 erlassenen Vorschriften (RGB. 1871 S. 314), Bekanntmachung des Reichskanzlers v. 4. Dez. 1871, betr. die Abänderung der unterm 1. Juli 1871 erlassenen ergänzenden Vorschriften (RGB. 1871 S. 408).

b. Bekanntmachung des Reichskanzlers v. 30. Juni 1872, betr. die Vorschriften zur Ausführung des RG. v. 8. Juni 1871 über die Inhaberpapiere (für Elsaß-Lothringen) (GB. f. Elf.-Lothr. 1872 S. 113).

RG. v. 7. Juni 1871, betr. die Verbindlichkeit zum Schadensersatz für die bei dem Betriebe von Eisenbahnen, Bergwerken ꝛc. herbeigeführten Tödtungen und Körperverletzungen (RGB. 1871 S. 207). Auch gültig für Elsaß-Lothringen, zuf. G. v. 1. Nov. 1872 (GB. f. Elſ.-Lothr. 1872 S. 769).

4. BG. v. 14. Nov. 1867, betr. die vertragsmäßigen Zinsen (BGB. 1867 S. 159). Auch gültig für Baden und Südhessen, zuf. Art. 80 unter I. 6 der mit diesen Staaten vereinbarten Verf. (BGB. 1870 S. 647), für Württemberg, zuf. Art. 2 Nr. 6 des Vertr. v. 25. Nov. 1870 (BGB. 1870 S. 656). Nicht eingeführt in Bayern; das Bayerische G. v. 5. Dez. 1867 hat jedoch ebenfalls das Verbot der Zinseszinsen und einer das Kapital übersteigenden Verzinsung aufgehoben (vgl v. Rönne's Staatsrecht des D. Reiches, 2. Aufl., Bd. II. Abthl. 2 § 105 S. 97 Note 4).

5. BG. v. 4. Juli 1868, betr. die privatrechtliche Stellung der Erwerbs- und Wirthschaftsgenossenschaften (BGB. 1868 S. 415). Auch gültig für Baden und Südhessen, zuf. Art. 80 unter I. 10 der mit Baden und Hessen vereinbarten Verf. (BGB. 1870 S. 647) und für Württemberg, zuf. Art. 2 Nr. 6 des Vertr. v. 25. Nov. 1870 (BGB. 1870 S. 656).

Dazu: RG. v. 19. Mai 1871, betr die Deklar. des § 1 des G. v. 4. Juli 1868 (RGB. 1871 S. 101).

Dies Gesetz nebst der Deklar. v. 19. Mai 1871 ist demnächst auch in Bayern, v. 1. August 1873 an, eingeführt worden durch das RG. v. 23. Juni 1873 (RGB. 1873 S. 146) und in Elsaß-Lothringen, v. 1 Okt. 1873 an, durch das G. v. 12. Juli 1872 (GB. f. Elſ.-Lothr. 1872 S. 511).

6. RG. v. 17. Febr. 1875, betr. das Alter der Großjährigkeit (RGB. 1875 S. 71).

7. a. BG. v. 4. Mai 1879, betr. die Eheschließung und die Beurkundung des Personenstandes von Bundesangehörigen im Auslande (BGB. 1870 S. 599). Auch gültig für Baden und Südhessen, zuf. Art. 80 unter I. 28 der mit Baden und Hessen vereinbarten Verf. (BGB. 1870 S. 647), für Württemberg, zuf. Art. 2 Nr. 6 des Vertr. v. 25. Nov. 1870

(BGB. 1870 S. 656), für Bayern, zuf. § 2 unter I. 12 des RG. v. 22. April 1871 (BGB. 1871 S. 87), und für Elsaß-Lothringen, zuf des G. v. 8. Febr. 1875 Ziffer 2 (RGB. 1875 S. 69).

b. RG. v. 6. Febr. 1875 über die Beurkundung des Personenstandes und die Eheschließung (RGB. 1875 S. 23).

Dazu:

α) V. v. 4. Nov. 1875, betr. die Beurkundung von Sterbefällen solcher Militairpersonen, welche sich an Bord der in Dienst gestellten Schiffe oder anderen Fahrzeugen der Marine befinden (RGB. 1875 S. 313).

β) V. v. 20. Jan. 1879, betr. die Verrichtungen der Standesbeamten in Bezug auf solche Militairpersonen, welche ihr Standquartier nach eingetretener Mobilmachung verlassen haben (RGB. 1879 S. 5).

γ) Bekanntmachung des Reichskanzlers v. 22. Juni 1875 mit der Ausführungs-Verordn. des Bundesrathes zu dem Reichs-G. v. 6. Febr. 1875 (RCB 1875 S. 386).

δ) V. v. 21. April 1886, betr die Eheschließung und die Beurkundung des Personenstandes für die Schutzgebiete von Kamerun und Togo (RGB. 1886 S. 128).

8. RG. v. 21. Juli 1879, betr. die Anfechtung von Rechtshandlungen eines Schuldners außerhalb des Konkursverfahrens (RGB. 1879 S. 277).

9. RG. v. 4. Nov. 1874, betr. die Aufhebung der Art. 11 u. 12 Buch III. Tit. 12 des revid. Lübischen Rechtes, sowie der Art. 14 u. 16 Th. III. Tit. 12 des Rostocker Stadtrechtes (RGB. 1874 S. 128).

II. Strafrecht[1]).

1. a. Strafgesetzbuch für den Nordd. Bund v. 31. Mai 1870, nebst Einführ.-G. dazu v. 31. Mai 1870 (BGB. 1870 S. 195—273).

---

[1]) Vgl. v. Rönne's Staatsrecht des D. Reiches, 2. Aufl., Bd. II. Abth. 2 § 104 S. 84 ff.

Nach Art. 80 der mit Baden und Hessen vereinbarten Verf. (BGB. 1870 S. 647) sind diese beiden Gesetze in Baden mit dem 1. Jan. 1872 und in Südhessen am 1. Jan. 1871 in Kraft getreten.

Für Württemberg ist nach dem Vertr. v. 25. Nov. 1870 (BGB. 1870 S. 654 ff.) der vorgedachte Art. 80 bezüglich des B.-Strafgesetzbuches unverändert und es ist somit in diesem Staate das Strafgesetzbuch nebst dem Einf.-G. am 1. Jan. 1872 in Kraft getreten.

In Bayern ist die Geltung des Strafgesetzbuches nebst Einf.-G. durch § 7 des RG. v. 22. April 1871 (BGB. 1871 S. 89) gleichfalls am 1. Jan. 1872 in Wirksamkeit getreten.

Die erforderlichen redaktionellen Aenderungen wurden für das Strafgesetzbuch (nicht für das Einf.-G.) von der Reichsgesetzgebung festgesetzt, und ist, zuf. des RG. v. 15. Mai 1871, betr. die Redaktion des Strafgesetzbuches für den Nordd. Bund als Strafgesetzbuch für das Deutsche Reich (RGB. 1871 S. 127), das letztere mit dem 1. Jan. 1872 in Wirksamkeit getreten.

Auch in Elsaß-Lothringen ist das Strafgesetzbuch für das Deutsche Reich durch das G. v. 30. Aug. 1871 v. 1. Okt. 1871 an eingeführt worden (GB. f. Elf.-Lothr 1871 S. 255).

Dazu. G. v. 14. Juli 1873, betr. eine Abänderung des Einführungs-G. v. 30. Aug. 1871 (GB. f. Elf.-Lothr. 1873 S. 166).

b Ergänzungen und Abänderungen des Strafgesetzbuches für das Deutsche Reich.

α) RG. v. 10. Dez. 1871, betr. die Ergänzung des Strafgesetzbuchs für das Deutsche Reich [Einschaltung des § 130 a, betr strafbare Handlungen der Geistlichen] (RGB. 1871 S. 442). Auch gültig in Elsaß-Lothringen, zuf. G. v. 15. Juli 1872 (GB. f. Elf.-Lothr. 1872 S. 531).

β) RG. v. 26. Febr. 1876, betr. die Abänderung von Bestimmungen des Strafgesetzbuchs für das D. Reich v. 15. Mai 1871 und die Ergänzung desselben (RGB. 1876 S. 25).

Der Art. V des (zu β gedachten) Gesetzes v. 26. Febr 1876 hat den Reichskanzler ermächtigt, den Text des Strafgesetzbuchs, wie er sich aus den in dem gedachten Gesetze festgestellten Aenderungen der Fassung ergiebt, durch das Reichsgesetzblatt bekannt zu machen. Dies ist geschehen durch die Bekanntmachung v. 26. Febr. 1876, betr. die Redaktion des Strafgesetzbuchs für das D. Reich (RGB. 1876 S. 39 ff.).

γ) RG. v. 24. Mai 1880, betr. den Wucher [Einschaltung der §§ 302a, 302b, 302c, 302d, und Ersetzung des § 360 Nr. 12] (RGB. 1880 S. 109).

δ) Auf Grund des § 145 des Strafgesetzbuchs für das Deutsche Reich ergangene Kaiserliche Verordnungen:

αα) V. v. 23. Dez. 1871 zur Verhütung des Zusammenstoßens der Schiffe auf See (RGB. 1871 S. 475). Aufgehoben und ersetzt durch V. v. 7. Jan. 1880 zur Verhütung des Zusammenstoßens der Schiffe auf See (RGB. 1880 S. 1). Dazu: V. v. 16. Febr. 1881, betr. die Suspension des Art. 10 der V. v. 7. Jan. 1880 (RGB. 1881 S. 28).

ββ) V. v. 15. Aug. 1876 über das Verhalten der Schiffer nach einem Zusammenstoß von Schiffen auf See (RGB. 1876 S. 189).

γγ) Noth- und Lootsen-Signalordnung für Schiffe auf See und auf den Küstengewässern v. 14. Aug. 1876 (RGB. 1876 S. 187).

2. RG. v. 4. Dez. 1876, betr. die Schonzeit für den Fang von Robben (RGB. 1876 S. 233).

Dazu: V. v. 29 März 1877, betr. die Schonzeit für den Fang von Robben (RGB. 1877 S. 409).

3. RG. v. 30. April 1884 zur Ausführung der internationalen Konvention v. 6. Mai 1882, betr. die polizeiliche Regelung der Fischerei in der Nordsee außerhalb der Küstengewässer (RGB. 1884 S. 48).

Vgl. den internationalen Vertrag v. 6. Mai 1882, betr. die polizeiliche Regelung der Fischerei in der Nordsee außerhalb der Küstengewässer (RGB. 1884 S. 25).

4. RG. v. 4. Mai 1874, betr. die Verhinderung der unbefugten Ausübung von Kirchenämtern (RGB. 1874 S. 43).

5. RG. v. 9. Juni 1884 gegen den verbrecherischen und gemeingefährlichen Gebrauch von Sprengstoffen (RGB. 1884 S. 61).

Dazu: Bekanntmachung des Reichskanzlers v. 13. März 1885, betr. das Gesetz gegen den verbrecherischen und gemeingefährlichen Gebrauch von Sprengstoffen (RGB. 1885 S. 78, RCB. 1885 S. 65).

6. Bezüglich des Militair-Strafrechts vgl. Anm. 1a u. b u. Anm. 2f zum Art. 61 der Reichsverfassung.

III. Gerichtsverfassung und gerichtliches Verfahren.

1. BG. v. 12. Juni 1869, betr. die Errichtung eines obersten Gerichtshofes für Handelssachen (BGB. 1869 S. 201). Auch gültig für Baden und Südhessen, zuf. Art. 80 unter I. 17 der mit Baden und Hessen vereinbarten Verf. (BGB. 1870 S. 647), für Württemberg, zuf. Art. 2 Nr. 6 des Vertr. vom 25. Nov. 1870 (BGB. 1870 S. 656), und für Bayern (mit einer Abänderung), zuf. § 5 des RG. v. 22. April 1871 (BGB. 1871 S. 89)[1].

Dazu:

α) V. v. 22. Juni 1870, betr. die Ausführung des Gesetzes wegen Errichtung eines obersten Gerichtshofes für Handelssachen v. 12. Juni 1869 (BGB. 1870 S. 418).

[1]) Vgl. hierzu Protokoll v. 15. Nov. 1870, betr. die Vereinbarung zwischen dem Nordd. Bunde, Baden und Hessen über Gründung des D. Bundes unter 9 zum Art. 80 der Verf. (BGB. 1870 S. 650) oben Anlage V und Verhandlung v. 25. Nov. 1870 über den Beitritt Württembergs (BGB. 1870 S. 657) oben Anlage III.

β) RG. v. 29. März 1873, betr. die dem Reichs-Oberhandelsgerichte gegen Rechtsanwalte und Advokaten zustehenden Disziplinarbefugnisse (RGB. 1873 S. 60).

γ) RG. v. 14. Juni 1871, betr. die Bestellung des Reichs-Oberhandelsgerichts zum obersten Gerichtshofe für Elsaß-Lothringen (RGB. 1871 S. 315, GB. f. Elf.-Lothr. 1871 S. 249).

δ) Erweiterungen der Zuständigkeit des Reichs-Oberhandelsgerichts durch § 2 des RG. v. 1. Juni 1870, betr. die Abgaben von der Flößerei (BGB. 1870 S. 312), durch § 32 des RG. v. 11. Juni 1870, betr. das Urheberrecht an Schriftwerken, Abbildungen, musikalischen Kompositionen und dramatischen Werken (BGB. 1870 S. 346), desgl. § 16 des RG. v. 9. Jan. 1876, betr. das Urheberrecht an Werken der bildenden Künste (RGB. 1876 S. 4), sowie § 9 des RG. v. 10. Jan. 1876, betr. den Schutz der Photographien gegen unbefugte Nachbildung (RGB. 1876 S. 8), und §§ 14, 15 des RG. v. 11. Jan. 1876, betr. das Urheberrecht an Mustern und Modellen (RGB. 1876 S. 11), ferner durch §§ 32, 37 des Reichs-Patentgesetzes v. 25. Mai 1877 (RGB. 1877 S. 509), durch § 3 des RG. v. 22. April 1871, betr. die Einführung Nordd. Bundesgesetze in Bayern [dritte Instanz für die Gerichtsbarkeit der Reichskonsuln] (RGB. 1871 S. 88), und § 10 des RG. v. 7. Juni 1871, betr. die Verbindlichkeit zum Schadensersatz für die bei dem Betriebe von Eisenbahnen, Bergwerken 2c. herbeigeführten Tödtungen und Körperverletzungen (RGB. 1871 S. 209).

ε) Die zur Zuständigkeit des Reichsoberhandelsgerichts gehörigen Sachen sind auf das Reichsgericht übergegangen (Einführungsgesetz zum Gerichtsverf.-Ges. v. 27. Jan. 1877 § 14, RGB. 1877 S. 79).

2. BG. v. 29. Mai 1868, betr. die Aufhebung der Schuldhaft (BGB. 1868 S. 237). Auch gültig für Baden und Südhessen, zuf. Art. 80 unter I 8 der mit Baden und Hessen vereinbarten Verf. (BGB. 1870 S. 647), für Württemberg, zuf. Art. 2 Nr. 6 des Vertr. v. 25. Nov. 1870 (BGB. 1870 S. 656), und für Bayern,

zuf. § 2 unter I. Nr. 4 des RG. v. 22. April 1871 (RGB. 1871 S. 87).

3. BG. v. 21. Juni 1869, betr. die Beschlagnahme des Arbeits- und Dienstlohnes (BGB. 1869 S. 242). Auch gültig für Baden und Südhessen, zuf. Art. 80 unter I. 18 der mit Baden und Hessen vereinbarten Verf. (BGB. 1870 S. 647), für Württemberg, zuf. Art. 2 unter II. 1 des Vertr v. 25. Nov. 1870 (BGB. 1870 S. 656) und für Bayern, zuf. § 2 unter I. 9 des G. v 22. April 1871 (BGB. 1871 S. 88).

4. RG. v. 12. Mai 1873, betr. das Aufgebot und die Amortisation verlorener oder vernichteter Schuldurkunden des Nordd. Bundes und des Deutschen Reichs (RGB. 1873 S. 91). Auch gültig für Elsaß-Lothringen zuf. RG. v. 8. Febr. 1875 Ziffer 4 (RGB. 1875 S. 69).

5. a. Gerichtsverfassungsgesetz, nebst Einführungsgesetz zu demselben v. 27. Jan. 1877 (RGB. 1877 S. 41 ff.).

Dazu:

α) RG. v. 11. April 1877 über den Sitz des Reichsgerichts (RGB. 1877 S. 415).

β) RG. v. 16. Juni 1879, betr den Uebergang von Geschäften auf das Reichsgericht (RGB. 1879 S. 157).

γ) B. v. 27. Sept. 1879, betr. die Einrichtung von Hülfssenaten bei dem Reichsgerichte (RGB. 1879 S 299).

δ) B. v. 26. Sept. 1879, betr. die Uebertragung Preußischer Rechtssachen auf das Reichsgericht (RGB. 1879 S. 287).

B. v. 26. Sept. 1879, betr. die Uebertragung Badischer. Rechtssachen auf das Reichsgericht (RGB. 1879 S. 288).

B. v. 26. Sept. 1879, betr. die Uebertragung Hessischer Rechtssachen auf das Reichsgericht (RGB. 1879 S. 289).

B. v. 26. Sept. 1879, betr. die Uebertragung Oldenburgischer Rechtssachen auf das Reichsgericht (RGB. 1879 S. 290).

B. v. 26. Sept. 1879, betr. die Uebertragung Sachsen-Weimarscher und Sachsen-Meiningenscher Rechtssachen auf das Reichsgericht (RGB. 1879 S. 291).

V. v. 26. Sept. 1879, betr. die Uebertragung Anhaltischer Rechtssachen auf das Reichsgericht.(RGB. 1879 S. 292).

V. v. 26. Sept. 1879, betr. die Uebertragung Schwarzburg-Sondershausenscher Rechtssachen auf das Reichsgericht (RGB. 1879 S. 293).

V. v. 26. Sept. 1879, betr. die Uebertragung Schwarzburg-Rudolstädtscher Rechtssachen auf das Reichsgericht (RGB. 1879 S. 294).

V. v. 26. Sept 1879, betr. die Uebertragung Waldeckscher Rechtssachen auf das Reichsgericht (RGB. 1879 S. 295).

V. v. 26 Sept. 1879, betr. die Uebertragung Schaumburg-Lippescher Rechtssachen auf das Reichsgericht (RGB. 1879 S. 296).

V. v. 26. Sept. 1879, betr. die Zuweisung rechtsanhängiger Sachen aus den drei freien Hansestädten auf das Reichsgericht (RGB. 1879 S 297).

V. v. 26. Sept. 1879, betr. die Zuständigkeit des Reichsgerichts in Streitigkeiten über die Zulässigkeit des Rechtsweges in Bremischen Sachen (RGB. 1879 S. 298).

6. RG. v. 3. Mai 1884, betr. die Prisengerichtsbarkeit (RGB. 1884 S 49).

7. RG. v. 17 März 1886, betr Abänderung des § 137 des Gerichtsverfassungsgesetzes (RGB. 1886 S. 61).

b. Civilprozeßordnung, nebst Einführungsgesetz zu derselben v. 30. Jan. 1877 (RGB. 1877 S. 83 ff.).

Dazu:

α) V. v. 28. Sept. 1879, betr die Begründung der Revision in bürgerlichen Rechtsstreitigkeiten (RGB. 1879 S. 299 und Druckfehlerberichtigung RGB. 1880 S 98), nebst Bekanntmachung des Reichskanzlers v. 11. April 1880 (RGB. 1880 S 102).

RG. v. 15. März 1881, betr. die Begründung der Revision in bürgerlichen Rechtsstreitigkeiten (RGB. 1881 S. 38).

RG. v. 24 Juni 1886, betr. die Revision in bürgerlichen Rechtsstreitigkeiten (RGB. 1886 S. 207).

β) RG. v. 30. April 1886, betr die Ergänzung des § 809 der Civilprozeßordnung (RGB. 1886 S. 130).

c. Strafprozeßordnung, nebst Einführungsgesetz zu derselben v. 1. Febr. 1877 (RGB. 1877 S. 253 ff.).

d. Konkursordnung, nebst Einführungsgesetz zu derselben v 10. Febr. 1877 (RGB. 1877 S. 351 ff.).

e. Gerichtskostengesetz v. 18. Juni 1878[1]) (RGB. 1878 S. 141).

Gebührenordnung für die Gerichtsvollzieher v 24. Juni 1878 (RGB. 1878 S. 166).

Gebührenordnung für Zeugen und Sachverständige v. 30. Juni 1878 (RGB. 1878 S. 173)

RG. v 29 Juni 1881, betr. die Abänderung von Bestimmungen des Gerichtskostengesetzes und der Gebührenordnung für Gerichtsvollzieher (RGB. 1881 S. 178).

V. v. 24. Dez. 1883, betr die Gebührenfreiheit in dem Verfahren vor dem Reichsgericht (RGB. 1884 S. 1).

Bekanntmachung des Reichskanzlers v. 8 Juli 1879 mit der vom Bundesrathe beschlossenen Dienstanweisung, betr. die Einziehung und Berechnung der für die Geschäfte des Reichsgerichts in Ansatz kommenden Kosten (RCB. 1879 S. 473).

f. Rechtsanwaltsordnung v. 1 Juli 1878 (RGB. 1878 S. 177).

Gebührenordnung für Rechtsanwälte v 7 Juli 1879 (RGB. 1879 S. 176)

g. Ausführungs-Erlasse für Elsaß-Lothringen zu den Reichsjustizgesetzen

G. für Elsaß-Lothringen v. 4. Nov. 1878, betr die Ausführung des Gerichtsverfassungsgesetzes (GB. f. Els.-Lothr. 1878 S 65)

G für Elsaß-Lothringen v 8. Juli 1879, betr. die Ausführung der Civilprozeßordnung, der Konkursordnung und der Strafprozeßordnung (GB. f Els.-Lothr. 1879 S. 67).

---

[1]) Vgl. Anweisung des Bundesrathes v. 23. April 1880, betr. den zum Zwecke der Einziehung von Gerichtskosten unter den Bundesstaaten zu leistenden Beistand (RCB. 1880 S. 278). Dazu: Verzeichniß der Behörden (Kassen), an welche das Ersuchen um Einziehung zu richten ist (a. a. O. S. 604).

G. für Elsaß-Lothringen v. 31. März 1880, betr. die Vergütung der Reisekosten für die Geschworenen, die Vertrauensmänner und die Schöffen (GB. f. Elſ.-Lothr. 1880 S. 57).

G. für Elsaß-Lothringen v. 3. April 1880, betr. die Ausführung des Gerichtskostengesetzes und der Gebührenordnung für Rechtsanwälte, für Gerichtsvollzieher und für Zeugen und Sachverständige (GB. f. Elſ.-Lothr. 1880 S. 58).

G. v. 30 April 1880 über die Zwangsvollstreckung in das unbewegliche Vermögen, einschließlich der Vollziehung des Arrestes und einstweiliger Verfügungen über das Hypotheken-Reinigungsverfahren und über das Verkleinerungsverfahren (GB. f. Elſ.-Lothr. 1880 S. 93).

G. v. 30. Juli 1880, betr. die Ernennung der Subalternbeamten bei den Gerichten (GB. f. Elſ.-Lothr. 1880 S. 128).

V. des Reichskanzlers v. 13. Juni 1879 zur Ausführung der Reichsjustizgesetze (GB f. Elſ.-Lothr. 1879 S. 61).

V. des Kaiserl. Statthalters v. 26. Jan. 1880, betr. Hülfsbeamte der Staatsanwaltschaft (GB. f. Elſ.-Lothr. 1880 S. 6).

Kaiserl. V. v. 18. Febr 1880, betr. die für die Bestimmung des Dienstalters der richterlichen und staatsanwaltschaftlichen Beamten maßgebenden Grundsätze (GB. f. Elſ.-Lothr. 1880 S. 7).

Kaiserl. V. v. 29. April 1880, betr. die Bildung von Senaten bei dem Oberlandesgericht in Colmar. (GB. f. Elſ.-Lothr. 1880 S. 121).

8. BG. v. 21. Juli 1870, betr die zu Gunsten der Militairpersonen eintretende Einstellung des Civilprozeß-Verfahrens (BGB. 1870 S. 493).

IV. Polizeiliche Gesetze.

1. BG. v. 1. Juli 1868, betr die Schließung und Beschränkung der öffentlichen Spielbanken (BGB. 1868 S. 367). Auch gültig für Südhessen, zuf. Art 80 unter 2 der mit Baden und Hessen vereinbarten Verf. (BGB. 1870 S. 647), für Württemberg, zuf. Art. 2 Nr. 6 des Vertr. v. 25. Nov. 1870 (BGB. 1870 S. 656),

und für Bayern, zuf. § 2 unter I. 6 des RG. v. 22. April 1871 (BGB. 1871 S. 87). Nicht eingeführt in Baden, wo bereits ein gleiches Landesgesetz bestand

2. a. V. v. 11. Febr. 1873, betr. das Verbot der Einfuhr von Reben zum Verpflanzen (RGB. 1873 S. 43), V. v. 31 Okt. 1879, betr. das Verbot der Einfuhr von Reben und sonstigen Theilen des Weinstocks (RGB. 1879 S. 303) und V. v. 4. Juli 1883, betr. das Verbot der Einfuhr und der Ausfuhr von Pflanzen und sonstigen Gegenständen des Wein- und Gartenbaues (RGB. 1883 S. 153).

Dazu: V. v. 16. Juni 1886, betr die Einfuhr und die Ausfuhr von Gewächsen, sowie von sonstigen Gegenständen des Wein- und Gartenbaues (RGB. 1886 S. 191).

Vgl. die auf Grund der Vorschriften im § 4 Ziffer 1 und im § 5 Ziffer 1 und 3 der V. v. 4. Juli 1883 erlassenen Bekanntmachungen des Reichskanzlers v. 12. Juli 1883 (RGB. 1883 S 242), v. 1. Nov. 1883 (RGB. 1883 S. 335), v. 23. Jan. 1884 (RGB. 1884 S. 10), v. 31. Jan. 1884 (RGB. 1884 S. 11), v. 26. Febr. 1884 (RGB. 1884 S. 15), v. 24. Mai 1884 (RGB. 1884 S. 51), v. 26. Mai 1884 (RGB. 1884 S. 52), v. 4. Juli 1884 (RGB. 1884 S. 64), v. 24. Aug. 1884 (RGB. 1884 S. 191), v. 10. Nov. 1884 (RGB. 1884 S 219), v. 8. Febr. 1885 (RGB. 1885 S. 19) und v. 30. Mai 1886 (RGB. 1886 S. 180)[1].

b. Abgesehen von dem zu a erwähnten Einfuhrverboten sind Maßregeln gegen die Reblauskrankheit getroffen durch:

α) das RG. v. 6. März 1875, betr. Maßregeln gegen die Reblauskrankheit (RGB. 1875 S. 115);

---

[1]) Aehnliche Einfuhrverbote, welche gegen die Reblauskrankheit gerichtet sind, haben erlassen: die Oesterreichisch-Ungarische Regierung (RCB. 1874 S. 69), die Ungarische Regierung (RCB. 1875 S. 90), die Portugiesische Regierung (RCB. 1878 S. 684), die Ungarische Regierung (RCB. 1879 S. 648), die Oesterreichische Regierung (RCB. 1879 S. 666), die Griechische Regierung (RCB. 1880 S. 7).

β) die internationale Uebereinkunft v. 17. Sept. 1878, betr. Maßregeln gegen die Reblaus (RGB. 1880 S. 15)[1], welche jedoch ersetzt ist durch:

γ) die internationale Reblauskonvention v. 3. Nov. 1881 (RGB. 1882 S. 125)[2];

δ) das RG. v. 3. Juli 1883. betr. die Abwehr und Unterdrückung der Reblauskrankheit (RGB. 1883 S. 149)[3].

3. V. v. 26. Febr. 1875, betr. das Verbot der Einfuhr von Kartoffeln aus Amerika, sowie von Abfällen und Verpackungsmaterial solcher Kartoffeln (RGB. 1875 S. 135).

Anlage X.

Bündnißvertrag mit Bayern v. 23. Nov. 1870 (BGB. 1871 S. 9 ff.) unten III. § 5.

Anlangend die Artikel 57. bis 68. von dem Bundes-Kriegswesen, so findet Artikel 57. Anwendung auf das Königreich Bayern. Artikel 58. ist gleichfalls für das Königreich Bayern gültig. Dieser Artikel erhält jedoch für Bayern folgenden Zusatz:

Der in diesem Artikel bezeichneten Verpflichtung wird von Bayern in der Art entsprochen, daß es die Kosten und Lasten seines Kriegswesens, den Unterhalt der auf seinem Gebiete belegenen festen Plätze und sonstigen Fortifikationen einbegriffen, ausschließlich und allein trägt.

---

[1]) Vgl. dazu: Bekanntmachung des Reichskanzlers v. 5. April 1880, betr. den Beitritt Luxemburgs (RGB. 1880 S. 108) und v. 31. Mai 1880, betr. den Beitritt Serbiens (RGB. 1880 S. 118).

[2]) Vgl. hierzu: Bekanntmachung des Reichskanzlers v. 7. Juli 1882, betr. den Beitritt Belgiens (RGB. 1882 S. 138), v. 15. Sept. 1882, betr. den Beitritt Luxemburgs (RGB. 1882 S. 139), v. 2. Jan. 1884, betr. den Beitritt der Niederlande (RGB. 1884 S. 7) und v. 24. Okt. 1884, betr. den Beitritt Serbiens (RGB. 1884 S. 215).

[3]) Vgl. das G. v. 3. Juli 1883 mit den zu demselben erlassenen Ausführungsbestimmungen in Guttentag's Gesetzgeb. Bd. V S. 475—482.

Artikel 59. hat gleichwie der Artikel 60. für Bayern gesetzliche Geltung.

Die Artikel 61. bis 68. finden auf Bayern keine Anwendung. An deren Stelle treten folgende Bestimmungen:

I. Bayern behält zunächst seine Militairgesetzgebung nebst den dazu gehörigen Vollzugs-Instruktionen, Verordnungen, Erläuterungen rc. bis zur verfassungsmäßigen Beschlußfassung über die der Bundesgesetzgebung anheimfallenden Materien, resp. bis zur freien Verständigung bezüglich der Einführung der bereits vor dem Eintritte Bayerns in den Bund in dieser Hinsicht erlassenen Gesetze und sonstigen Bestimmungen.

II. Bayern verpflichtet sich, für sein Kontingent und die zu demselben gehörigen Einrichtungen einen gleichen Geldbetrag zu verwenden, wie nach Verhältniß der Kopfstärke durch den Militair-Etat des Deutschen Bundes für die übrigen Theile des Bundesheeres ausgesetzt wird. Dieser Geldbetrag wird im Bundesbudget für das Königlich Bayerische Kontingent in einer Summe ausgeworfen. Seine Verausgabung wird durch Spezial-Etats geregelt, deren Aufstellung Bayern überlassenbleibt. Hierfür werden im Allgemeinen diejenigen Etatsansätze nach Verhältniß zur Richtschnur dienen, welche für das übrige Bundesheer in den einzelnen Titeln ausgeworfen sind.

III. Das Bayerische Heer bildet einen in sich geschlossenen Bestandtheil des Deutschen Bundesheeres mit selbstständiger Verwaltung unter der Militairhoheit Seiner Majestät des Königs von Bayern; im Kriege — und zwar mit Beginn der Mobilisirung — unter dem Befehle des Bundesfeldherrn. In Bezug auf Organisation, Formation, Ausbildung und Gebühren, dann hinsichtlich der Mobilmachung wird Bayern volle Uebereinstimmung mit den für das Bundesheer bestehenden Normen herstellen. Bezüglich der Bewaffnung und Ausrüstung, sowie der Gradabzeichen behält sich die Königlich Bayerische Regierung die Herstellung der vollen Uebereinstimmung mit dem Bundesheere vor. Der Bundesfeldherr hat die Pflicht und das Recht, sich durch Inspektionen von der

Uebereinstimmung in Organisation, Formation und Ausbildung, sowie von der Vollzähligkeit und Kriegstüchtigkeit des Bayerischen Kontigents Ueberzeugung zu verschaffen und wird sich über die Modalitäten der jeweiligen Vornahme und über das Ergebniß dieser Inspektionen mit Seiner Majestät dem Könige von Bayern ins Vernehmen setzen. Die Anordnung der Kriegsbereitschaft (Mobilisirung) des Bayerischen Kontingents oder eines Theils desselben erfolgt auf Veranlassung des Bundesfeldherrn durch Seine Majestät den König von Bayern. Zur steten gegenseitigen Information in den durch diese Vereinbarung geschaffenen militairischen Beziehungen erhalten die Militair-Bevollmächtigten in Berlin und München über die einschlägigen Anordnungen entsprechende Mittheilung durch die resp. Kriegsministerien.

IV. Im Kriege sind die Bayerischen Truppen verpflichtet, den Befehlen des Bundesfeldherrn unbedingt Folge zu leisten. Diese Verpflichtung wird in den Fahneneid aufgenommen.

V. Die Anlage von neuen Befestigungen auf Bayerischem Gebiete im Interesse der gesammtdeutschen Vertheidigung wird Bayern im Wege jeweiliger spezieller Vereinbarung zugestehen. An den Kosten für den Bau und die Ausrüstung solcher Befestigungsanlagen auf seinem Gebiete betheiligt sich Bayern in dem seiner Bevölkerungszahl entsprechenden Verhältnisse gleichmäßig mit den anderen Staaten des Deutschen Bundes; ebenso an den für sonstige Festungsanlagen etwa Seitens des Bundes zu bewilligenden Extraordinarien [1]).

VI. Die Voraussetzungen, unter welchen wegen Bedrohung der öffentlichen Sicherheit das Bundesgebiet oder ein Theil des-

---

[1]) Vgl. hierzu Schluß-Prot. zu dem Vertr. v. 23. Nov. 1870, betr. den Beitritt Bayerns zur Verf. des Deutschen Bundes (RGB. 1871 S. 23 ff.) unter XIV. (Oben Anlage VII.)

selben durch den Bundesfeldherrn in Kriegszustand erklärt werden kann, die Form der Verkündung und die Wirkungen einer solchen Erklärung werden durch ein Bundesgesetz geregelt.

VII. Vorstehende Bestimmungen treten mit dem 1. Januar 1872. in Wirksamkeit.

Anlage XI.

Militair-Konvention zwischen dem Nordd. Bunde und Württemberg, d. d. $\frac{\text{Versailles}}{\text{Berlin}}$ d. $\frac{21.}{25.}$ Nov. 1870.

(BGB. 1870 S. 658.)

Art. 1. Die Königlich Württembergischen Truppen als Theil des Deutschen Bundesheeres bilden ein in sich geschlossenes Armeekorps nach der anliegenden Formation[1]) nebst der entsprechenden Anzahl von Ersatz- und Besatzungstruppen nach Preußischen Normen im Falle der Mobilmachung oder Kriegsbereitschaft.

Art. 2. Die hierdurch bedingte neue Organisation der Königlich Württembergischen Truppen soll in drei Jahren nach erfolgter Anordnung zur Rückkehr von dem gegenwärtigen Kriegsstand auf den Friedensfuß vollendet sein.

Art. 3. Von dieser Rückkehr an bilden, beginnend mit einem noch näher zu bestimmenden Tage, die Königlich Württembergischen Truppen das vierzehnte Deutsche Bundes-Armeekorps mit ihren eigenen Fahnen und Feldzeichen und erhalten die Divisionen, Brigaden, Regimenter und selbstständigen Bataillone des Armeekorps die entsprechende laufende Nummer in dem Deutschen Bundesheere neben der Nummerirung im Königlich Württembergischen Verbande.

Art. 4. Die Unterstellung der Königlich Württembergischen Truppen unter den Oberbefehl Seiner Majestät des Königs von

---

[1]) Vgl. die vereinbarte Friedens- und Kriegs-Formation des Königl. Württembergischen Armeekorps im BGB. 1870 S. 663 ff.

Preußen als Bundesfeldherrn beginnt ebenfalls an einem noch näher zu bestimmenden Tage und wird in den bisherigen Fahneneid in der Weise aufgenommen, daß es an der betreffenden Stelle heißt:

„daß ich Seiner Majestät dem Könige während meiner Dienstzeit als Soldat treu dienen, dem Bundesfeldherrn und den Kriegsgesetzen Gehorsam leisten und mich stets als tapferer und ehrliebender Soldat verhalten will. So wahr mir Gott helfe."

Art. 5. Die Ernennung, Beförderung, Versetzung u. s. w. der Offiziere und Beamten des Königlich Württembergischen Armeekorps erfolgt durch Seine Majestät den König von Württemberg, diejenige des Höchstkommandirenden für das Armeekorps nach vorgängiger Zustimmung Seiner Majestät des Königs von Preußen als Bundesfeldherr. Seine Majestät der König von Württemberg genießt als Chef Seiner Truppen die Ihm Allerhöchst zustehenden Ehren und Rechte und übt die entsprechenden gerichtsherrlichen Befugnisse sammt dem Bestätigungs- und Begnadigungsrecht bei Erkenntnissen gegen Angehörige des Armeekorps aus, welche über die Befugnisse des Armeekorps-Kommandanten, beziehungsweise des Königlich Württembergischen Kriegsministeriums hinausgehen.

Art. 6. Unbeschadet der dem Bundesfeldherrn gemäß der Bundesverfassung zustehenden Rechte der Disponirung über alle Bundestruppen und ihrer Dislocirung soll für die Dauer friedlicher Verhältnisse das Württembergische Armeekorps in seinem Verband und in seiner Gliederung erhalten bleiben und im eigenen Lande dislocirt sein; eine hiervon abweichende Anordnung des Bundesfeldherrn, sowie die Dislocirung anderer Deutscher Truppentheile in das Königreich Württemberg soll in friedlichen Zeiten nur mit Zustimmung Seiner Majestät des Königs von Württemberg erfolgen, sofern es sich nicht um Besetzung Süddeutscher oder Westdeutscher Festungen handelt.

Art. 7. Ueber die Ernennung der Kommandanten für die im Königreiche Württemberg gelegenen festen Plätze, welche nach Artikel 64. der Bundesverfassung dem Bundesfeldherrn zusteht, sowie über die Demselben gleichermaßen zustehende Berechtigung, neue Befestigungen innerhalb des Königreichs anzulegen, wird sich der Bundesfeldherr eintretenden Falls mit dem Könige von Württemberg vorher in Vernehmen setzen; ebenso wenn der Bundesfeldherr einen von Ihm zu ernennenden Offizier aus dem Königlich Württembergischen Armeekorps wählen will. Um der Beurtheilung dieser Ernennungen eine Grundlage zu gewähren, werden über die Offiziere des Königlich Württembergischen Armeekorps vom Stabsoffizier aufwärts alljährlich Personal- und Qualifikationsberichte nach Preußischem Schema aufgestellt und Seiner Majestät dem Bundesfeldherrn vorgelegt.

Art. 8. Zur Beförderung der Gleichmäßigkeit in der Ausbildung und dem inneren Dienst der Truppen werden nach gegenseitiger Verabredung einige Königlich Württembergische Offiziere je auf 1—2 Jahre in die Königlich Preußische Armee, und Königlich Preußische Offiziere in das Königlich Württembergische Armeekorps kommandirt. Hinsichtlich etwa wünschenswerther Versetzung einzelner Offiziere aus Königlich Württembergischen Diensten in die Königlich Preußische Armee oder umgekehrt haben in jedem Spezialfalle besondere Verabredungen stattzufinden.

Art. 9. Der Bundesfeldherr, welchem nach Artikel 63. das Recht zusteht, sich jederzeit durch Inspektionen von der Verfassung der einzelnen Kontingente zu überzeugen, wird die Königlich Württembergischen Truppen alljährlich mindestens einmal entweder Allerhöchst selbst inspiziren, oder durch zu ernennende Inspekteure, deren Personen vorher Seiner Majestät dem König von Württemberg bezeichnet werden sollen, in den Garnisonen oder bei den Uebungen inspiziren lassen. Die in Folge solcher Inspizirungen bemerkten sachlichen und persönlichen Mißstände wird der Bundesfeldherr dem Könige von Württemberg mittheilen, welcher Seinerseits dieselben abstellen und von dem Geschehenen alsdann dem Bundesfeldherrn Anzeige machen läßt.

Art. 10. Für die Organisation des Königlich Württembergischen Armeekorps sind — so lange und insoweit nicht auf dem Wege der Bundesgesetzgebung anders bestimmt wird — die derzeitigen Preußischen Normen maaßgebend. Es kommen demgemäß in dem Königreiche Württemberg, außer dem Norddeutschen Gesetz über die Verpflichtung zum Kriegsdienste vom 9. November 1867., nebst der dazu gehörigen Militair-Ersatzinstruktion vom 26. März 1868., insbesondere alle Preußischen Exercier- und sonstigen Reglements, Instruktionen und Reskripte zur Ausführung, namentlich die Verordnung über die Ehrengerichte vom 20. Juli 1843., die für Krieg und Frieden gegebenen Bestimmungen über Aushebung, Dienstzeit, Servis-, Verpflegungs- und Invalidenwesen, Mobilmachung u. s. w., über den Ersatz des Offizierkorps und über das Militair-Erziehungs- und Bildungswesen. Ausgenommen sind von der Gemeinsamkeit in den Einrichtungen des Königlich Württembergischen Armeekorps mit denjenigen der Königlich Preußischen Armee: die Militair-Kirchenordnung, das Militair-Strafgesetzbuch und die Militair-Strafgerichtsordnung, sowie die Bestimmungen über Einquartierung und Ersatz von Flurbeschädigungen, worüber in dem Königreiche Württemberg die derzeit bestehenden Gesetze und Einrichtungen vorerst und bis zur Regelung im Wege der Bundesgesetzgebung in Geltung verbleiben. Die Gradabzeichen sowie die Benennungen und der Modus der Verwaltung sind in dem Königlich Württembergischen Armeekorps dieselben wie in der Königlich Preußischen Armee. Die Bestimmungen über die Bekleidung für das Königlich Württembergische Armeekorps werden von Seiner Majestät dem Könige von Württemberg gegeben und es soll dabei den Verhältnissen der Bundesarmee die möglichste Rechnung getragen werden.

Art. 11. Im Falle eines Krieges steht von dessen Ausbruch bis zu dessen Beendigung die obere Leitung des Telegraphenwesens, soweit solches für die Kriegszwecke eingerichtet ist, dem Bundesfeldherrn zu. Die Königlich Württembergische Regierung wird bereits während des Friedens die bezüglichen Einrichtungen in Uebereinstimmung mit denjenigen des Norddeutschen Bundes treffen, und insbesondere bei dem Ausbau des Telegraphennetzes darauf Bedacht nehmen, auch eine der Kriegsstärke ihres Armeekorps entsprechende Feldtelegraphie zu organisiren.

Art. 12. Aus der von Württemberg nach Artikel 62. der Bundesverfassung zur Verfügung zu stellenden Summe bestreitet die Königlich Württembergische Regierung, nach Maaßgabe des Bundeshaushalts-Etats den Aufwand für die Unterhaltung des Königlich Württembergischen Armeekorps, einschließlich Neuanschaffungen, Bauten, Einrichtungen u. s. w. in selbstständiger Verwaltung, sowie den Antheil

Württembergs an den Kosten für die gemeinschaftlichen Einrichtungen des Gesammtheeres — Central-Administration, Festungen, Unterhaltung der Militair-Bildungs-Anstalten, einschließlich der Kriegsschulen und der militairärztlichen Bildungs-Anstalten, der Examinations-Kommissionen, der militairwissenschaftlichen und technischen Institute, des Lehrbataillons, der Militair- und Artillerie-Schießschule, der Militair-Reitschule, der Central-Turnanstalt und des großen Generalstabs. Ersparnisse, welche unter voller Erfüllung der Bundespflichten als Ergebnisse der obwaltenden besonderen Verhältnisse möglich werden, verbleiben zur Verfügung Württembergs. Das Königlich Württembergische Armeekorps participirt an den gemeinschaftlichen Einrichtungen und wird im großen Generalstabe verhältnißmäßig vertreten sein.

Art. 13. Die Zahlung der von Württemberg nach Artikel 62 der Bundesverfassung aufzubringenden Summe beginnt mit dem ersten Tage des Monats, welcher auf die Anordnung zur Rückkehr der Königlich Württembergischen Truppen von dem Kriegszustande auf den Friedensfuß folgt. In den Etat und die Abrechnung des Bundesheeres tritt das Königlich Württembergische Armeekorps jedoch erst mit dem 1. Januar 1872. ein. Während der im Artikel 2. verabredeten dreijährigen Uebergangszeit wird für den Etat des Königlich Württembergischen Armeekorps die Rücksicht auf die, in dieser Periode zu vollziehende neue Organisation maaßgebend sein, und zwar sowohl in Beziehung auf die in Ansatz zu bringenden Beträge, als auch in Beziehung auf die Zulässigkeit der gegenseitigen Uebertragung einzelner Titel und der Uebertragung gleichnamiger Titel aus einem Jahre ins andere.

Art. 14. Verstärkungen der Königlich Württembergischen Truppen durch Einziehung der Beurlaubten, sowie die Kriegsformationen derselben und endlich deren Mobilmachung hängen von den Anordnungen des Bundesfeldherrn ab. Solchen Anordnungen ist allezeit und im ganzen Umfange Folge zu leisten. Die hierdurch erwachsenden Kosten trägt die Bundeskasse, jedoch sind die Königlich Württembergischen Kassen verpflichtet, insoweit ihre vorhandenen Fonds ausreichen, die nothwendigen Gelder vorzuschießen.

Art 15. Zur Vermittelung der dienstlichen Beziehungen des Königlich Württembergischen Armeekorps zu dem Deutschen Bundesheer findet ein direkter Schriftwechsel zwischen dem Königlich Preußischen und dem Königlich Württembergischen Kriegsministerium statt und erhält letzteres auf diese Weise alle betreffenden zur Zeit gültigen oder später zu erlassenden Reglements, Bestimmungen u. s. w. zur entsprechenden Ausführung. Nebendem wird die Königlich Württembergische Regierung jederzeit in dem Bundesausschuß für das Landheer und die Festungen vertreten sein.

Sachregister.

Die Zahlen bedeuten die Seiten.

A.

B.

C.

D.

E.

G.

H.

J.

K.

L.

M.

N.

O.

P.

Q.

R.

S.

T.

U.

V.

W.

Y.

Z.

Otto Hauthal (G. Pätz'sche Buchdr.) Naumburg a/S.

Kolibri 360 GmbH
Ferdinand-Jühlke-Straße 7
99095 Erfurt, Deutschland
produktsicherheit@kolibri360.de